幸齢者

幸せな老後のためのマインドリセット

プレジデント社

幸齢者

幸せな老後のための
マインドリセット

目次

序章 「幸齢者」へのマインドリセットのすすめ

第1章 「お金」へのマインドリセット

第2章　「子ども」へのマインドリセット

第3章　「夫婦」へのマインドリセット

第4章 「医療」「健康」へのマインドリセット

第5章　「生き方」「生活」へのマインドリセット

終　章　マインドリセット7カ条

あとがき

マインドリセットのすすめ

序　章

「幸齢者」への

© Jub-Job/shutterstock

高齢者こそ、好きなことをやるほうがよい

15年前、モナコの映画祭に行ったとき、私はいまでも忘れられない光景に遭遇しました。映画祭を目当てに次々自動車で乗りつける高齢の男性たち。見れば、多くが高級スポーツカーのフェラーリ。それがまた様《さま》になっているのです。「格好いいなあ」と、心底羨《うらや》ましくなりました。

贅沢《ぜいたく》なライフスタイルをさりげなく実行し、少しも嫌味がない。こういうことができるのは高齢になってからの〝特権〟なのかもしれません。若者が高級車を乗り回していると、「どうせ親が金持ちで、遊んで暮らせる身なんだろう」「あぶく銭を稼いだ成金か」といった目でしか見られませんが、高齢者がごく自然にそれをやってのけると、「渋いなあ」と感嘆の声が上がります。

そう、高齢者は本当は「贅沢が似合う年代」なのです。

ところが日本では、そのような贅沢な暮らしぶりを実践する高齢者は少数派です。

お金がないからではありません。心持ちの違いなのです。日本の場合、たとえば退職金を2000万円もらいました、となったとき、「このお金は老後の蓄えにしないといけない」と考えて、全額を定期貯金に回す人がいまでも多いのではないでしょうか。

その行為自体は否定しません。否定はしませんが、でも、「40年間働いてきた自分へのご褒美《ほうび》だ」とフェラーリやポルシェを購入する人生のほうが、〝楽しい〟とは思いませんか。

人間、基本的に年をとると、それまでの社会常識にがんじがらめに縛《しば》られなくてもよくなるはずです。まして、セカンドライフとなったならば。

定年退職すれば、「○○社の社員」「公務員」という〝縛り〟がなくなります。現役時代にはしたくてもできなかったことも、一個人として堂々と行ってよくなります。

ところが、現実には、その後も相変わらず人目を気にしながら過ごす高齢者が多いようです。心から好きなことをやろうとせず、現役時代と同じように自分を抑えて、「がまん」を続けるのです。

いつまで「がまん」を続けますか？

がまんは、生活全般に及びます。

医者から「血圧やコレステロールを下げなければいけない」と指導を受けたことで、塩分や油脂の多い、おいしい料理を食べることを控える。老後資金を過度に心配し、お金を使わずにひたすら倹約に努める。着たい服があっても、「高齢者らしくない」と後ろ指をさされることを気にして、地味な服ばかり選んで着る。

つまるところ、高齢者は悪目立ちしないようにがまんをしないといけない——そう思い込んで老後の時間を生きている人が、日本人には多いように思えてなりません。

でも、人生を折り返し、定年も越え、なおがまんばかりしているのは果たして幸せなのでしょうか。

私はそうは思いません。幸せな高齢者というのは、要するに好きなことができている人だと思います。

かつて日本では節制が美徳とされました。その当時を生きていた人は、遊ぼうとしても心にブレーキがかかって存分に遊べなかったことでしょう。

一方で、いま60代、70代の方々は、日本が豊かだった時代も知っているわけです。あのバブルの時代も経験しています。そのため、人生を楽しむ能力は決して低くないと思います。

私は、いまこそ**「マインドリセット」**が必要だと思うのです。高齢者になったらがまんをするのではなく、好きなことをしていい。高齢になるというのは、すなわち自由になることなんだ、ととらえていただきたい。

メンタルが変わると、生き方が変わります。世の中が違って見えてきます。そうすれば、残りの人生がより充実したものになることは間違いありません。そうして70代にもなったならば、むしろ、奔放《ほんぽう》なくらい自由に生きたほうがいいと思います。それが80代、90代を豊かにする秘訣《ひけつ》です。

知的な面でも同じです。家に閉じこもって本を読むのではなく、外に出て、同年代の友人たちと議論したり、映画や演劇の感想を語り合ったり、あるいはブログやホームページのようなアウトプットの場を設ける。そのほうが、脳ははるかに刺激され、若々しさを保つことができます。

もちろん、それでも生物としての〝老い〟には逆らえません。

80代後半になれば、どんな人でも筋肉の衰えを自覚しますし、半数の人に認知症の症状が現れます。体の頑張りも利かなくなっていきます。

「そのようになる前」が大切です。人生の分岐点はまさに〝ここ〟にあります。たとえば80代になっても、知的好奇心を失うことなく、多彩な人間関係を保っている人がいます。そういう人は、70代を自由奔放、活力いっぱいに過ごした人です。定年後の60代、あるいは70代をどう過ごすかは、ことほどさように人生の後半生を大きく左右する重要な選択になるのです。

80歳を越えてもバイタリティ溢れる人々の共通点

人間は年齢を重ねていくうちに、脳の前頭葉が衰えていきます。

前頭葉の機能が衰えると、思考が鈍《にぶ》くなってしまううえ、無関心や意欲・創造性の低下を引き起こします。さらに新規のシチュエーションへの対応能力、感情コントロール能力も落ちてきます。

でも前頭葉は、使い続けている限り、そう急激には衰えません。70代になったからといって自分にがまんを強いることなく奔放に生きていけば、前頭葉が衰えるスピードを遅らせることができるのです。

じつは前頭葉は、40代から萎縮《いしゅく》が目立ち始めます。早くも40代のうちから意欲や創造性をなくしてしまう人が世の中にはたくさんいる一方で、70歳、80歳を過ぎても画期的なアイデアを次から次へと思いつき、溢《あふ》れんばかりのバイタリティで実現してしまう人も、現実にたくさん存在しています。

日清食品の創業者である安藤百福《あんどうももふく》さんが世界初のインスタントラーメンである「チキンラーメン」を完成、発売したのは、48歳のときでした。その事業意欲は最晩年に至っても衰えず、95歳のときには、ＪＡＸＡ（宇宙航空研究開発機構）と共同で宇宙食を開発しています。

任天堂の社長を長らく務め、75歳で取締役相談役に退いた山内溥《やまうちひろし》さんもまた、晩年に至ってもアイデアを出し続けました。

もともとは花札やトランプのメーカーだった任天堂は、先代社長である祖父から山内さんに社長交代すると、次々と革新的な玩具を世の中に送り出しました。

パンタグラフのように伸び縮みしてモノを摑《つか》む「ウルトラハンド」や、センサーが仕込んである「光線銃ＳＰ」などは、私が小学生のころのヒット商品です。このヒットにより、エレクトロニクスを用いた商品に未来があると確信した山内さんが開発を命じたのが、家庭用テレビゲーム機の「ファミリーコンピュータ（ファミコン）」でした。

ファミコンが発売されたのは、山内さんが55歳のとき。続く大ヒット商品である「ゲームボーイ」の発売は61歳のときです。「ニンテンドーＤＳ」で2画面のゲーム機というコンセプトを提案したのは、社長を退いてからのことでした。

脳は使えば使うほど活性化し、年をとったからといってすべての人の前頭葉が衰えてしまうわけではありません。むしろ、意欲がある人は、それまでの人生経験を生かし、いっそう創造的な活動をすることも可能——という、よき傍証ではないかと思います。

70歳からは「高齢者」より「幸齢者」

当然のことながら、人はそれぞれ年齢も体型も違います。性格や考え方も違います。生活の環境や仕事も家族構成も違う。一人ひとりは、まったく違う人生を歩むまったくの別人です。

しかし、すべての人に共通することがあります。

それは、全員がやがて死んでいくということです。これだけは避けようがありません。

死に至るまでには、二つの道があります。

一つは、幸せな道です。最期に「いい人生だった。ありがとう」と満足しながら死んでいける道です。

もう一つは、不満足な道です。「ああ、あのときに」とか「なんでこんなことに」と後悔しながら死んでいく道です。

どちらの道を選びたいか？　それは聞くまでもないでしょう。

最期に満足しながら死ぬために大切なこととは？　突き詰めるとそれは、たった一つに集約できます。


老いを受け入れ、できることを大事にする、という考え方です。

これが「幸せな晩年」と「不満足な晩年」の境目になると思っています。

「幸せ」とは、本人の主観によるものです。つまり、自分がどう考えるかによって決まるものです。

たとえば、自分の老いを嘆き、あれができなくなった、これだけしか残されていない、と「ないない」を数えながら生きる人がいます。かたや、自分の老いを受け入れつつ、まだこれはできる、あれも残っている、と「あるある」を大切にしながら生きる人がいます。どちらの人が幸せなのでしょうか？

私のこれまでの臨床経験では、「あるある」で生きる人のほうが幸せそうに見えました。家族や周囲の人とも、楽しそうにしている人が多かったように思います。

いま日本では、65歳以上を「高齢者」、75歳以上を「後期高齢者」と呼んでいます。

でもなんだか機械的な響きで、ちょっと切なくありませんか。

ここまで頑張って生きてきたのですから、もっと明るくて希望の持てる呼び方にすべきだと、私は常々思っています。

そこで、私は声を大にして提案したいのです。


これからは「高齢者」ではなく、**「幸齢者」**と呼びましょう。


70歳を越え、楽しく充実した暮らしを送り、毎日に幸せを感じている人は「幸齢者」。

こんな呼び方なら、温かみや年をとることへの希望も感じられるでしょう。

幸せな晩年を過ごして、人生を全うしたい。私たちが目指すべきは、年齢を重ねてなおがまんし続ける日々を送る高齢者ではなく、こうした「幸齢者」なのではないでしょうか。

私は、これからの日本に、この言葉と考え方を広めたいと強く願っています。

マインドリセット7カ条

目指すべき「幸齢者」になるためには、マインドリセットが必要です。若いころから医療の現場でたくさんの高齢者と幸齢者に出会い、いったい何が違うのか、その姿に学び、気づかされて、たどり着いたのが次のマインドリセット7カ条です。

第一条 勝ち負けで考えない

第二条 試してみないと答えは出ない

第三条 「かくあるべし」思考は棄てる

第四条 いまを楽しむ

第五条 人と比べない／高齢者による高齢者差別はしない

第六条 自分で答えを出す

第七条 人目は気にしない

次のような言葉を聞いたことのある人もいると思います。

心が変われば行動が変わる。
行動が変われば習慣が変わる。
習慣が変われば人格が変わる。
人格が変われば運命が変わる。

まさに至言です。マインドリセットをすることで、あなたの行動が変わり、習慣が変わり、最後には運命までも変わっていくのです。

本書ではこれから、そんな「幸齢者」になるためのマインドリセット7カ条の実践について、詳しく説明をしていきたいと思います。

マインドリセット

第1章

「お金」への

© TimeShops/shutterstock

人生の最後に後悔する人々

年をとって幸せになるには、また、充実した毎日を手にするためには、なによりこれまでの「考え方」を切り替えていくことが重要です。私はこれを、「マインドリセット」と呼んでいます。

年をとってからもなお、若いころ、現役時代と同じものの考え方をしていると、結果として、自分を苦しめることにしかならないからです。「働いていないとダメ」「人の世話になったらダメ」「健康診断に従わないとダメ」……えてして、その多くが教条主義的な発想に基づくもので、「楽しい」とか「幸せ」という尺度からはかけ離れています。考えれば考えるほど、自分の感情を抑え込んで、つらくなるだけでしかありません。

その中でもいま、私が最もマインドリセットが必要だと感じているのは、「お金」です。

長年にわたり老人医療の現場で大勢の高齢者を診てきて、一つ気づいた事実がありります。たとえば、ヨボヨボになる、歩けなくなる、寝たきりになる、認知症がひどくなる……といったことが起こります。そうなると、人間は想像以上にお金を使えなくなるのです。

家のローンがあるから、子どもの教育費があるから、老後の蓄えが必要だからと、多くの人が質素倹約に努めます。現役時代はもちろん、老後になっても同じように行動しようとします。ところが、思いもよらないタイミングで寝たきりになったり、認知症になったりしてしまうのです。

そうなると、旅行に行こうとか、高級なお店に食事に行こうということは、すっかりなくなってしまいます。

また、自活が徐々に難しくなって、特別養護老人ホームや介護つきの有料老人ホームなどに入ることになったとしても、介護保険が利用できるので毎月の費用はおおよそ年金の範囲内に収まるものです。そのとき、「無理して蓄えなんかしなくてよかった」「もっと人生を楽しめばよかった」「損した」という心情になる高齢者がたくさんいます。

だからこそ、マインドリセットをして、お金は有意義に使えるときに使ったほうがいい、心が満たされるような使い方をどんどんしたほうがいい、というのが、私からの提案です。

お金は「持っている」より「使う」に価値がある

お金はそもそも、「持っている」ことより「使う」ことのほうに価値があるものです。たとえは悪いかもしれませんが、百貨店でブランド品を買いまくれば、百貨店の店員がみんな丁重に扱ってくれます。あるいは子どもや孫にお金をバラまいていたら、みんな慕って寄ってきてくれる。誤解を恐れずに言えば、そういう一面は確実にあります。

お金を持っている人が偉いかのように勘違いする人がいますが、資本主義社会においては「お客様は神様」なわけです。つまり、「上手にお金を使う人ほど偉い」というのが正解です。

ですから、年をとってから、あるいは死ぬまでお金を貯め続けるなんて、そんなもったいない行為はありません。それが多額の遺産として残されたら、今度は親族の財産争いまで引き起こしかねません。

お金がなければ、財産争いなんてはなから起こりません。「ああ、いい人だったね」「気《き》っ風《ぷ》のいい人だったね」と、亡くなった自分のことをみんなが惜しんでくれます。それでおしまい。

だから、子どもに余分なお金なんて残さないほうがいいのです。自分で稼いだお金は自分で使う。へたに子どもに財産は残さず、残すべきは生きていく知恵、あるいは、人生を楽しみ、幸せに暮らしていた親としての姿そのもの――。

このようにマインドリセットをすれば、世の中の高齢者みんながお金を使うようになるでしょう。そして、個人金融資産の大半を持っている高齢者たちがお金を自分のためにしっかり使うようになったら、消費が活性化していっぺんに景気もよくなるでしょう。

さらに、詳しくは後述しますが、日本の高齢者がどんどんお金を使うようになることで、企業はお年寄り向けの車を開発したり、パソコンを開発したり、住宅設備を開発するようになります。消費者のニーズに応えようとする企業の営利活動として当然の働きが起こることで、高齢社会に適合したサービスや商品が一気に増えます。

だからこそ、年をとったらお金は使っていい。

結局のところ、人間、死ぬ間際に残るのは「思い出」しかないのです。「もっとおいしいものを食べておけばよかった」「世界一周旅行に行っておけばよかった」「退職金で、欲しかったポルシェを買っておけばよかった」……やりたいことがあるなら、全部やっておくべきです。

お金は使うもの、使ってこそ幸せになれるものだとマインドリセットしてください。後生大事に使わないお金を貯めても何にもならない、むしろ貯めること自体が目的化したら不幸のもと……そんなふうにマインドセットを変えていただきたいと思います。

「こころの老い支度」で不安を軽減

年をとればとるほど、将来に対する不安から「食事や嗜好品、お金などを節制して、老後に備えなければならない」と考えるようになる人が、非常に多いように感じます。

でも、私はその考えには真っ向から反対したいのです。むしろ70歳からは**「やりたい**

放題」に生きたい。それこそが、若々しさを保ち、頭の回転を鈍《にぶ》らせないための秘訣《ひけつ》でもあります。

　そもそも、なぜ日本人はこんなに「老後」というものに対し不安を抱くのでしょうか。その一因は、日本人が世界で有数の〝不安心理の強い人々〟だからです。私は常々、そう感じています。

「こうなったらどうしよう」「こんなことが起きたらどうしよう」と、起こってもいない未来について、多くの人が強い不安を感じています。しかし、不安を抱えるばかりで、「実際にそうした事態が起きてしまったときに、いったいどのような対策がとれるのか」という対応にまで考えが及んでいる人は少ないように見受けられます。

　大切なのは、実際に起きてしまったときの具体策をきちんと考えておくことです。

　たとえば、「将来、自分ががんになったらどうしよう」と不安を抱くなら、がんになった際に、治療を受けたい病院や医師、治療法、治療費、また、最悪の場合はどんな処置を望むかといった点をあらかじめ調べて考えておくべきでしょう。そうすれば、がんに対する不安は軽減されるはずです。

お金にしても、健康にしても同じです。不安を不安のまま抱え込んでいるから、どうしてもがまんを強いる生活を選んでしまうのです。

逆に言えば、不安を軽減させれば、「やりたい放題」の人生を送れるようになるわけです。漠然と不安な気持ちを抱くのではなく、具体策をきちんと考えておくことで不安を軽減する。まずは、そのようにマインドリセットしてみましょう。

70歳からは「やりたい放題」

新型コロナウイルス感染症が流行した際、ウイルスに感染した人と感染しなかった人との差が語られました。その要因の一つとして挙がったのが「免疫力」です。

免疫機能の高い人は、新型コロナに限らず、病気やストレスなどに強く、より健康に生きられます。仮に感染したとしても症状が軽くて済みます。これは、数々の研究を見ても間違いないところでしょう。

では、免疫機能を高めるためにはどうしたらいいのでしょうか。それは、できるだけストレスをなくして、「思いっきり人生を楽しむこと」です。ストレスが多い人ほど免疫力が下がってしまいますから、嫌いなことはなるべくやらず、楽しいことを優先する。これを70歳からの人生の指針にするべきです。

日本人は「節制やがまんは美徳」と考える人が多く、過剰に自分の欲や娯楽を制限してしまう傾向があります。若いうちはたしかにそれがプラスに働くケースもあるかもしれません。ストイックに自分に厳しくすることで、仕事面で大きく成長することもあるでしょう。あるいはその姿勢が、周囲の人、とりわけ地位が上の人から好感をもって受け入れられることもあるでしょう。

しかし70歳にもなれば、節制やがまんはマイナスになることがほとんどです。やりたいことをがまんし、ストレスを溜め込んだあげく、うつ病になったり、免疫力まで落としてしまっては元も子もありません。

私は、高齢医療の臨床の現場で、「70歳を過ぎたらやりたい放題」とすすめています。健康診断の数値に一喜《いっき》一憂《いちゆう》して食べたいものをがまんすることはおやめなさい、食べたいものを食べるとマインドリセットしましょう、と言っています。

食べたいものを食べないとストレスが溜まり、免疫力も落ちてしまいます。

たばこや酒についても、同じことがいえます。

たばこはたしかに肺がんのリスクを高めますが、70代になるまで肺がんになることなく過ごしてきた人が、70歳を越えて以降、たばこを吸う吸わないで、いったいどれだけ肺がんリスクに差異が生じるでしょうか。実際、私が勤務した浴風会病院に併設された老人ホームでは、喫煙者と非喫煙者の生存曲線に差がありませんでした。

むしろたばこを吸うことでストレスを溜めずに人生を謳歌《おうか》すれば、がんの発症リスクを低くすることもある。そのようにマインドリセットすることが大事なのです。

現役世代ならがまんしなければいけないことも、70代になったら気にしない。「やりたい放題」こそが健康の秘訣になると言っても過言ではありません。

高齢者は「健康のために遊ぶ、お金を使う」

高齢になると、「健康のために遊ぶ」「健康のためにお金を使う」ことが想像以上に大きな意味を持つようになってきます。

日本では、高齢者は地味に暮らすのが当然だと思われていますから、ややもすると「年金でカラオケに行くのはいかがなものか」「年金生活者がパチンコに行くとはけしかけしからん」といった非難を浴びがちです。しかし外に出て遊ぶことで、前頭葉が刺激されます。また、楽しむことで免疫機能にもよい影響を与えることができます。

ですから、むしろ**「お年寄りはもっと遊べ」**と言うべきでしょう。

感情の老化を予防するには、年をとるほど強い刺激が必要です。

脳の老化によって弱い刺激には反応しにくくなることに加えて、積み重ねた人生経験から多少のことでは心に響かなくなるからです。

仕事で経験を積んだおかげで先が読めるから、ものごとをそつなくこなしてしまいます。失敗することがなくなるのはいいのですが、面白さは薄れてしまいます。先が読めてしまうと、刺激が失せるだけでなく、興味や関心までも色褪《いろあ》せるわけです。それだけに、いままで以上に、意識して強い刺激を与えてくれる遊びをしたほうがよいのです。

そして、年齢を重ねた大人が強い刺激を得るための遊びは、往々にして高いお金を払うことも必要になってきます。

お酒がものすごく好きで、安酒でも飲めさえすればいいという一部の人以外は、70歳にもなれば飲むスタイルが変わってきているのではないでしょうか。若いころなら3000円の居酒屋で満足だったのに、年をとると、量は多くなくていいから、もっとうまい酒を飲みたい、もっと高級な料理を食べたいという気持ちが強くなるのではないでしょうか。

ならば、3000円の居酒屋に月に3回行くより、1万円の割烹に1回行くように変えてみてはどうでしょう。

年をとると、若いころのように頻繁に酒を飲みに行こうとは思わなくなるでしょう。たまに行くのであれば、これまでの3回分を1回にまとめて、より贅沢《ぜいたく》な店を選ぶのです。満足感が高まれば高まるほど、脳にもそれだけ大きな刺激があることは間違いありません。

現役時代には、会社の経費で銀座で接待をしたり、ゴルフに行ったりした人も多いと思います。ならば、仕事をリタイアしてからも、自腹で銀座に行ったりゴルフをしてみてはどうでしょう。もちろんそれなりの金額がかかりますが、自腹で遊んでこそ強い刺激を受け、本当の意味で楽しむことができるのだと思います。

旅行にしても、これまで利用していたありきたりの場所へのリーズナブルなパック旅行は止めて、刺激的な場所に高額の旅費をかけて行くのです。観劇やスポーツ観戦にしても、これまでの席ではなく、1ランク上の席に座ることで、より強い感動を得ることができるでしょう。

量より質を求めることで、満足感を得るとともに、社会の第一線から退いたと感じている高齢者にとっては、よりリッチな気分になり、自己愛が満たされるでしょう。自己愛が満たされると、当然ですが幸福感に包まれます。それは免疫機能を高めることにも寄与します。

遊ぶこと、お金を使うことで、脳の老化を遅らせることができるうえ、免疫機能が上がって感染症やがんにかかるリスクも軽減させることができるのです。

高齢者は「現役の消費者」だ

いまの日本経済で一番弱いのは「消費力」です。給料が安いからみんなモノを買いません。加えて、インフレで物価が上がっていますから、贅沢なんてとてもできません。だからどんなに生産しても、売れません。利益が上がらないから景気も上向きません。

これがいまの日本経済の実態です。この現状を打破するには、なんといっても消費が大事になります。そのためにも鍵を握るのが、高齢者だと思います。

団塊世代が支えた高度経済成長期は、消費もすごかった。家電、自動車、住宅、衣料はもちろん、食費にもレジャーにもお金を注ぎ込みました。なにしろ、これまでに類を見ないほどの人数がいる年齢層です。この層が結婚して家族が増えることで、消費力もさらに巨大に膨らみました。

需要に応えるために生産も増え、その現場を団塊世代が支えました。景気がよくなるのも当然で、その結果、給料も右肩上がりで確実に増えていき、安心して車や住宅のローンを組むことができたのです。

ですから、改めてかつてのような消費行動を取りましょう――。

そんなふうに高齢者にすすめると、「でも、いまはもう働いていない」と嘆き、消費を抑えようとする人が多いのです。しかし、大事なのは、「たとえ働いていなくても、70代以上の人々はいまでも立派な消費者だ」という点です。

大いにモノを買い、食べ、遊んだ昔ほどではないにしても、消費者であることに変わりはありません。生産より消費を伸ばさなければいけないこの時代において、日本の先細りの消費を支える「現役の生活者」なのです。胸を張っていいはずです。

年金暮らしであろうと、生活保護世帯であろうと、現役の消費者であることは同じ。縮こまって生きなくていい！　私はそう思います。

高齢者が「よき消費者である」ことを社会が認識してくれれば、高齢者にとってより楽しい暮らしが実現します。

たとえば、「テレビがつまらない」と言われて久しいと思います。テレビ局は必死になって若者向けの番組を作りますが、若い世代はすでにテレビというメディアとは一線を画し、配信サービスやYouTube、各種SNSを楽しんでいます。

高齢者が消費者であるということをスポンサー企業が認識すれば、テレビ局は放送しても見てもらえない若者向け番組より、高齢者向けの番組を作るようになるでしょう。そうすれば、高齢者にとってテレビを見る楽しみが増えるというものです。

また、私が書いている書籍などもそうです。かつては、「高齢者は本を読まない」という偏見があって、高齢者向けの企画を提案しても出版社から色よい返事はありませんでした。ところが、いまやどうでしょう。私の「老年本」が書店のかなりのスペースを占めています。そして、真剣に読んでくださるのは、60代、70代、80代、90代の読者のみなさんです。

この世代は、みなさんお元気で、知的好奇心に満ちている。そのことを知った出版社からは、今度は「高齢者向けの本を書いてください」という依頼が引きも切らない状態になっています。

一般の商品やサービスも同じです。供給側が、そこに大きな需要があることに気づいていないだけなのです。だからこそ、現役の消費者たる「幸齢者」のみなさんが積極的に行動し、声を上げることで、高齢の方にとってのより楽しい暮らしがどんどん実現する社会になっていきます。

社会に対して声を上げていい

もう一つ大事なことは、高齢者は社会に必要とされているということです。

なぜなら、70代であろうが80代であろうが、現代の市民社会を構成する立派な市民であることに変わりはないからです。

市民社会は、主権者としての市民が主役になります。

「金持ちだけが優遇されるいまの税制は変えるべきだ」

「大企業だけが儲《もう》けて中小企業が犠牲になるのはおかしい」

「テレビ局は企業の言いなりになっている」

「根拠のない高齢者バッシングは止めるべきだ」……。

おかしいものははっきりと指摘して改めていくのが、健全な市民社会であるはずです。

当然、高齢者にも不満や疑問はいくらでもあります。

たとえば、保育所の待機児童の数は５６３４人（２０２１年4月時点）まで減ったのに対して（もちろんこれはこれで、とてもよいことなのですが）、特別養護老人ホーム（特養）の入居待ち高齢者は29・2万人（２０１９年12月時点）もいます。減る気配がありません。その一方で、医療費は窓口負担割合が1割から2割へと引き上げられました。

地方では公共交通がどんどん廃止されています。公立病院の統廃合も全国各地で進んでいます。残念なことに駅前など街の中心部はシャッター通りになり、代わってショッピングモールが郊外に続々と作られていますが、その結果ちょっとした買い物が非常に不便になってしまっています。それなのに警察や政府は高齢者から免許証を取り上げようとしています。

こういうさまざまな現実に対して、政治や行政のあり方に反対の声を上げ、批判の一票を投じる権利は、高齢者にも残されています。

いまここで、高齢者たちが「おかしいものはおかしい」とはっきり意思表示しなければば、高齢化の進む日本はますます生きにくい社会になっていくのです。

高齢者が消費者になれば日本経済は上向く

「生涯現役」という言葉は、往々にして現役の労働者であるという意味で用いられます。でも私は、高齢者は現役の消費者であるということをもっと意識したほうがいいと思います。つまり**「生涯現役」という言葉には、「生涯現役の消費者である」という意味も含まれている**のです。

資本主義社会とは「お客様は神様です」の社会です。お金を使うことで、よりよいサービスが受けられます。つまり、「高齢者はお金を使うよき消費者である」という方向に企業の認知度が変われば、「神様」である高齢者の声が反映されるはずです。

お年寄りの多くがお金を使って遊んだうえで、「こんなものが欲しい」「こんなものがあれば買うのに」という声を上げれば、高齢者向けの商品やサービスが開発されるし、これまで少なかった高齢者向けのビジネスも盛んになるでしょう。高齢者がしっかり遊んでくれたほうが、消費が拡大し、経済が回ります。国内の景気のためにもいいのです。

残念なことに近年、高齢者による自動車事故が相次いで大きく報じられています。そうした事故で亡くなられた方々、大きなけがをされた方々は本当にお気の毒です。

でも、だからといって「高齢者は免許を返納せよ」といった画一的な動きに進むのではなく、むしろ、「高齢者でも安全に運転できる自動車を開発しよう」という方向に進んでいってほしいと思います。

自動車会社が「高齢者は大切な消費者だ」と認識して、アクセルとブレーキの踏み間違いが起こらない車（サポカー）を進歩させ、どんどん普及させる。その先には、自動運転車を作る。そのような動きになればいいと思います。

日本は世界的にも高齢化が非常に進んでいる国です。逆に言うと、日本から遅れて世界各国も高齢化が進んでいくのです。つまり、日本のメーカーが高齢者向けのよい商品やサービスを開発すれば、当初は国内中心にしか売れなくても、やがて世界規模で販売され、国際市場で優位な立場になることでしょう。高齢者向けのよい商品やよいサービスができたら、世界に輸出できる。それはひいては瀕死の日本経済を救うことにもつながります。

残念ですが日本の経営者は、そのような大きな視野を持って商品開発を進めてはいません。タクシーに乗っても出てくる広告といえば、DX（デジタルトランスフォーメーション）に関するものが非常に多い現状です。みな、右に倣《なら》えでDXにばかり力を入れていますが、それよりも高齢者向けの起業をしたほうがよほど儲かる、ということに気がついていないのです。

彼らの意識を変えさせるためにも、高齢者がよき消費者であることを示す。つまりは商品を購入し、サービスを利用したうえで、消費者として要求すればよいのです。

高齢者がマインドリセットし、お金をよりよく使うことで、企業経営者の意識が変わる。それが日本経済にとって大きなメリットとなるのです。

2000兆円の金融資産の約7割は60歳以上

日本の個人金融資産は、2000兆円を超えています。30年もの長きにわたって不況が続いている国ですが、じつは国民一人当たり平均で約１６００万円もの金融資産を持っている計算になります。

問題は、この２０００兆円のうちの約７割を60歳以上の人が持っているという事実です。この20年間で、60歳以上の保有割合は倍増したといわれています。

つまり、高齢者はたっぷりお金を貯め込んでいるうえ、年々その傾向が強くなっているのです。

個人金融資産の今後について、興味深い研究報告があります。

大和総研は２０２１年9月に「今後10年の家計金融資産分布と次世代金融ビジネス

年齢階級別にみた家計金融資産の将来分布の試算値

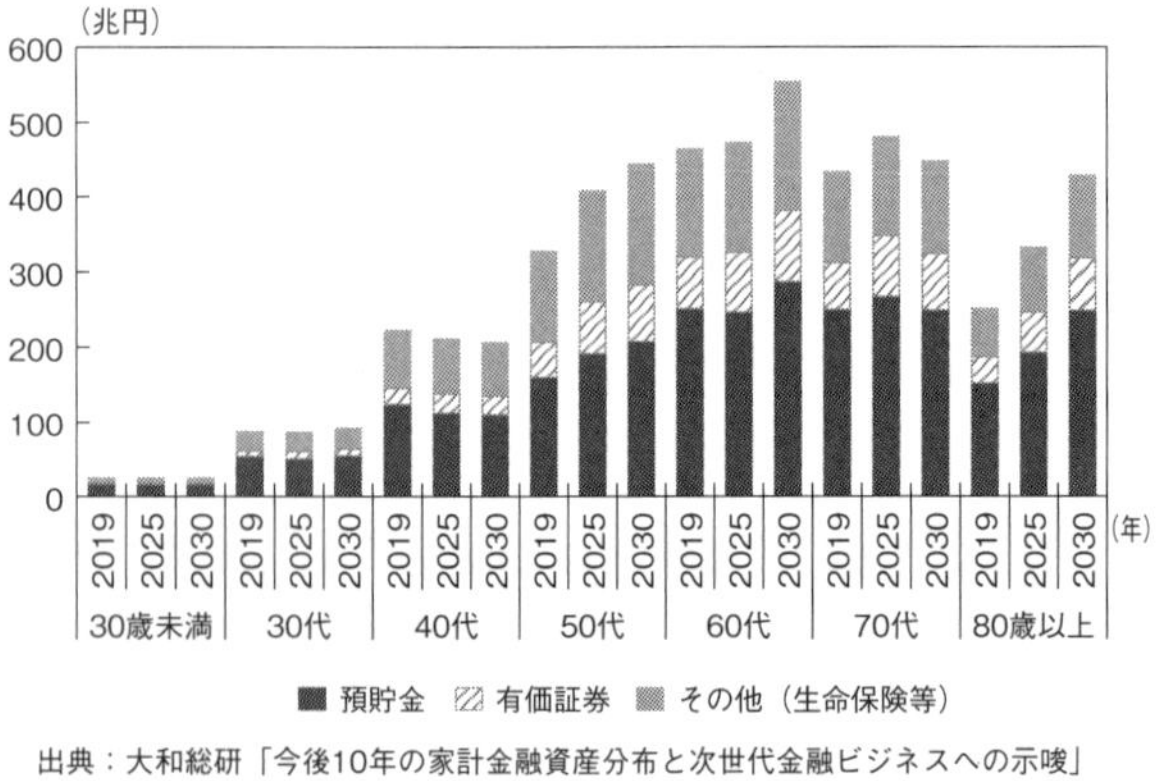

出典：大和総研「今後10年の家計金融資産分布と次世代金融ビジネスへの示唆」2021年9月22日

への示唆」と題したレポートを発表しています（https://www.dir.co.jp/report/research/capital-mkt/asset/20210922_022544.pdf)。

このレポートでは、世帯主の年齢階級別に見た金融資産残高について、２０１９年（総務省「２０１９年全国家計構造調査」の調査年）、２０２５年、２０３０年の試算値を示しています。

２０２５年とは団塊世代（１９４７〜１９４９年生まれ）が全員後期高齢者（75歳以上）になる「２０２５年問題」として注目されている年です。さらに２０３０年は、団塊世代がすべて80代になる年です

このレポートでは、３つのポイントが挙げられています。

①後期高齢者の保有する金融資産が大幅に増加
②存在感が増す団塊ジュニア世代
③少子化が進行する中で中若年層の存在感がさらに小さく

詳細については、ぜひこのレポートを読んでいただきたいのですが、結論を端的に述べると、高齢者の個人金融資産はさらに増えていくのです。

貯金を崩すことに慎重な高齢者が多い。それどころか生活費を切り詰めてなお貯金を増やそうという人もいるようです。

私は、そもそも「老後2000万円問題」自体、現実的な話ではないと思っています。

これは2019年に金融庁の金融審議会で出た話題です。どういう内容か説明すると、夫65歳、妻60歳がともに30年後まで生きる。その30年間は無職で、家計収支は毎月5万5000円ほど赤字になるというシミュレーションでした。「5万5000円×12カ月×30年間＝1980万円の赤字」という計算から生まれた数字です。

これなどまさしく机上の空論ではないでしょうか。

60代、70代、80代、90代と年を重ねるにつれ、生活に必要な経費は少なくなっていくことは間違いありません。現役時代と同じような支出を、90代まで30年間続けるという仮定が間違っているのです。老後2000万円問題を鵜呑《うの》みにして、過度に不安がる必要はないと思います。

お金を使わないまま死んでいく人々

大和総研のレポートによれば、2030年における80歳以上の金融資産予測は400兆円をはるかに超えています。2019年の数値と比較して、最も上昇率が高いのがこの世代です。その伸び率は、他の世代を圧倒しています。

しかし考えていただきたい現実があります。日本の平均寿命は、2020年の調査によると男性が81・64歳、女性が87・74歳であるということを。

つまり多くの80代以上は、その金融資産を使うことなく死んでいくのです。なのに、資産を使おうとしない。お金を残せば残すほど幸せになれるという考えに凝り固まっているのですね。

だからこそ、まずは「お金」というものについて、マインドリセットが必要だと思うのです。

私は、定年退職をした後でも、できれば働くようにすべきだと考えています。その一番の理由は、働き続けることが健康につながるからです。

労働と健康の関係については後述することにして、ここではお金についての説明をします。強調したいのは、現役世代としての仕事と70代以降の仕事とでは、その位置づけがまったく変わっている、ということです。

現役として働いていたころは、生活費のため、子育てのため、住宅ローン支払いのためにお金を稼いでいたわけです。ところが70代にもなると、ほとんどの人は子育てが終わっているでしょうし、住宅ローンも払い終えていることでしょう。

もちろん食費や光熱費などの生活費は払わなければいけませんが、高齢者1人、あるいは高齢夫婦2人に必要な生活費は、決して高額ではありません。厚生年金をもらっている世帯であれば、その金額で生活できるのではないでしょうか。

国民年金しか受給できない人は、たしかに貯金を取り崩さないといけないかもしれませんが、そういう自営業の人たちはおおむね老後や不測の事態に備えて若いころから貯金をしています。堅実な人なら、現役時代に国民年金のほかに国民年金基金に入っていたり、中小機構による小規模企業共済に入っていたりするでしょう。厚生年金はなくとも、その代わりになるものを準備している、ということです。

このようにして年金で生活費をまかなえる人は、貯金は人生を豊かにするための趣味や娯楽といった楽しみに使えばいいのです。

先に平均寿命に触れましたが、もう一つ考えないといけないのは健康寿命です。これは健康上の理由のために生活に支障なく過ごせる年齢の平均のことを指し、2019年調べでは男性が72・68歳、女性は75・38歳です。

もちろん個人差が大きいのですが、大半の人は、現実的には80代になってからは「遊ぶ」ことはままなりません。自由に「遊ぶ」ことができるのは、せいぜい70代まで——という現実があります。80歳を過ぎた時点で「しまった。お金を残しすぎた……」と思っても、もう手遅れ。使いたくても、活発に行動して有意義に使うことは難しい。あるいは、そのためかえって価値のないものに散財してしまうケースもあるかもしれません。それでは後悔しか残りません。

そうなる前に、自分の楽しみのために使うことが大事です。

序章でも書いたように、たとえば退職金が2000万円入ったとしましょう。車好きの人ならば、それを全額費やしてフェラーリやポルシェを買うのもいいのではないでしょうか。「俺も40年間勤め上げたんだから、最後は大好きなスポーツカーを駆ってみる」というほうが、80代で動けない状況で2000万円を持っているよりも、人生に満足感を得られると思います。

ためらいなく消費するための労働

70代以降の人でも働くことは大切です。高齢医療の専門家の立場からも、健康の維持のためにも、働くことをおすすめします。

加えてお金の面でも、働くことはとても大事なのです。

先に述べたように、現実的には多くの高齢者の生活費は年金でまかなえる範囲にあります。ですから無理をして働く必要はありません。

でもまったく働かない人は、割り切って「消費者」になれないのです。労働収入がないことで金融資産が減ることに対する不安を抱いたり、あるいは「働かざる者食うべからず」の意識から、労働収入がないと消費することに罪悪感を抱いたりするのでしょう。

そのあたりは振り切ってしまっていいのですが、どうしても気になってしまう人は、働いて収入を得ることにしましょう。

70代になっても雇ってくれる職場というのは、けっこうたくさんあるのです。

たとえば介護職。この業界は慢性的に人手不足です。厚生労働省の推計発表によると、2025年に約243万人の介護人材が必要になるのですが、2019年度比でじつに約32万人もの人材が不足するというのです。もちろん専門職としての知識や職種によっては資格が必要ですが、人手不足ですから働く場を探すのは難しくありません。

人手不足の理由は、残念なことですが給料が低い点にあります。

たしかに現役世代にとってみれば「年収300万円では続けられない」と感じるでしょう。しかし、すでに子育てや住宅ローンの支払いを終えたうえ、年金収入もある高齢者にとって、３００万円というまとまった収入は十分に魅力的だといえます。それがまるまる小遣いに使えるということですから。

そのうえ自分には収入があるという「自信」がつきます。貯金が減る不安や、働かざる者としての罪悪感などなく、消費する精神的ゆとりが生まれるのです。

高額老人ホームは幸せか？

70代以降も支出を抑え、高額の金融資産を保っておいて、高額高級老人ホームに入るときに使おう。そのように考える人も多いかもしれません。

個人差は大きいのですが、一般的に70代を越えると、人は体が衰えていきます。だんだん要支援・要介護の状態に移っていくのです。70代では要支援・要介護比率はまだ6～13％程度ですが、80代になると26～60％、90代では70％以上となります。

寝たきりや認知症になり、家族による介護ではなかなか難しい状態に陥《おちい》ることもあるでしょう。

私は、有料老人ホームであれ特別養護老人ホーム（特養）であれ、適切な時期に入所することを考えておくほうがよいと考えています。

ではどういうホームに入るか？

たしかに高額老人ホームの施設は素晴らしいものがあります。そういう充実した施設で晩年を過ごしたいと思うことは、自然なことでしょう。

しかし実際のところ、寝たきりや認知症が進んだ段階で、高額老人ホームならではの広く豪華な部屋というものが必要でしょうか。動けない人にとって、むしろ無駄が多いわけです。果たして金額に合った幸せな生活が送れるかといえば、私にはそうは思えません。

２０００年に介護保険制度がスタートしてから、老人ホームは料金的にも質的にも、かなり向上しました。介護保険制度上は「介護老人福祉施設」と呼ばれる特別養護老人ホームは、低料金で手厚いケアと保護を受けられます。スタッフもすごくよくトレーニングされています。

こうした施設にお世話になるころには体が自由に動きませんから、贅沢にお金を使うこともありません。特養は公的サービスですから、個室でも費用は月20万円もかかりません。年金の範囲内でほとんど収まるわけです。高額老人ホームと特養ではかかる費用に大きな差がありますが、受けるサービスにどれだけの差があるのか。費用対効果を考えると、高額な老人ホームに入ることが幸せだとは一概には言えないと思います。

将来、高額老人ホームに入るために、いま、日々の生活で節約をする必要があるかどうか、私は疑問に思います。

ランチ外食のすすめ

いまの高齢者が現役時代、ほとんどの人はランチを職場周辺の店でとっていたことでしょう。とくに男性はそうだと思います。

事務職でも営業職でも、昼休みが近づくと「今日は何を食べようか」と考えます。40年かそれ以上の年月、たいていの人は「お昼に何を食べるか」という問題に毎日、向き合ってきたのです。

ところが仕事をリタイアすると、ランチは自宅で食べるようになります。「外食は出かけなくちゃいけないいからおっくうだ」「仕事をしていないのにランチにお金をかけたくない」「お昼はありあわせのもので十分」といったさまざまな理由からですが、私はむしろ、リタイアしたらランチは積極的に外食をしたほうがいいと思っています。

なぜなら、外に出る習慣が身につくからです。

「さあ、今日は何を食べるかな」と考えながらとにかく家を出れば、歩いているうちにいろいろな店が目につきます。「この店のラーメンもしばらく食べていないな」「ここの豚カツは意外とおいしいんだよ」「たまにはパスタもいいな」などと考えながら商店街を歩くのは楽しいものです。運動としてもちょうどいいし、歩けばお腹も空きますから、ランチもよりおいしくいただけます。

また日中、街中を歩いてみると、じつにいろいろな発見があります。夜はネオン街になるような一画も、昼に歩いてみるとけっこう面白いものです。怪しげな酒場が並んでいる通りの中に、「こんな店があったのか」と驚くことがよくあります。

ランチを外食にするだけで、日常生活の行動半径はずいぶん広がります。

街歩きのついでに書店で読みたい雑誌を買ったり、おいしいコーヒー店を探してみたりするのもいいでしょう。

いずれにしても生活の風通しがよくなります。その日の気分で食べたいものを食べるという、ささやかな自由まで手放してはいけないような気がします。

また、習慣的に外で食べるようになると、食べたい料理の幅が広がるというメリットもあります。

老夫婦の会話として、晩ごはんの献立に困った妻が「何か食べたいものはある?」と夫に聞いても、「うーん、とくにない」「何でもいいよ」といった答えしか返ってこないことがよくあります。これは、夫が遠慮して意見を伝えないわけではなく、実際に食べたいものが何も思い浮かばないのです。

いつも妻の作る料理や冷蔵庫の中のありあわせのものだけ食べていると、食べることが完全に受け身になってしまいます。あるもの、出されたものを食べるだけになってしまうと、「何か食べたいものは?」と急に聞かれても返事ができないのです。

食べることは80代になっても、90代になっても、100歳を越えても、生きている限り続く楽しみではないでしょうか。

「あれが食べたいな」「これが食べたいな」と料理を思い浮かべてお腹がグーッと空いてくるというのは元気な証拠です。

ランチ外食で、とくにメニューを決めていなくても、街を歩いていろいろな店の看板を見ているうちに「ハヤシライスはずいぶん長いこと食ってないな」と急に気がつくことがあります。「そうだ、餃子が好きだったんだ！」と突然思い出したりもします。

つまり、ランチ外食をすることで「食べたい」という気持ちが刺激されます。当然、脳も活性化します。しばらく食べていなかった料理や根っから好きだった料理を思い出し、食生活が豊かになってくるのです。

食べたい料理がいくつも頭に浮かんでくるというのは、それだけでも幸せなこと。気分も明るくなってきます。

ランチを外で食べると決めるだけで、解き放たれるものがたくさんあるのです。そのためにお金を使うことは、決して無駄ではないと思います。

グルメは一人でも楽しめる

テレビやネット配信で人気のドラマ「孤独のグルメ」は、主人公の中年男性が仕事で訪れた街のあちこちの店でランチを食べるだけのお話です。

とくに珍しい料理や高級な料理が登場するわけではありません。松重豊《まつしげゆたか》さん演じる自営業の井之頭五郎《いのかしらごろう》が、仕事で行った先で腹を減らしてお店を探し、入ったところでメニューを見て料理を注文、それを黙々と食べる……というストーリー展開です。

五郎は実に満足そうで幸せそうです。食欲も旺盛《おうせい》で、とてもおいしそうに毎回、完食します。

こういう番組を見てつくづく思うのは、たとえ一人になっても「食べる楽しみ」は残るのだな、ということです。

若いころは、一人でレストランに入るのは気が引けます。どんな店であっても、入りたい店や食べたい料理が見つかると、「今度、誰かと一緒に」とつい考えてしまいます。ところが高齢になってくると、「おいしそうだな」「そういえばお腹が空いたな」と思っただけで、通りすがりの店にふらりと入れるようになります。

誰かと一緒でも、仲の良いグループのメンバーと一緒でも、食べるのは自分です。味に満足し、「おいしい」と嬉しくなるのも自分です。それなら一人で食べても同じでしょう。

このようなことを記すのも、どんなに仲の良い夫婦でもいつかは一人になるからです。いつか来るそのときに備え、一人でおいしく食事をする楽しみ方を身につけておきたいものです。

いまは夫婦で、あるいは友人と一緒に、ランチ外食を楽しむ。ランチを外で食べる習慣がつき、それが楽しみになってくると、そこから先、どんなに高齢になっても、あるいは一人になってしまっても、ランチ外出が一日の中の「楽しみな時間」として残り続けることになると思います。

将来、一人になったときのことを想像してみてください。料理好きの人なら、御馳走《ごちそう》を作っても、「張り合いがない」と感じるかもしれません。そうなれば簡単なもの、ありあわせの材料で作るだけの料理になってしまいます。まして日ごろから料理をしない人なら、なおさらそうでしょう。

でも、ランチを外で食べる習慣が残っている限り、一人ごはんの楽しみも残り続けます。タンパク質やビタミンなどの栄養不足になる心配も薄れます。

ランチを外で食べる、一人で食べるということが楽しみになれば、長い高齢期を孤独感に捕まることなく乗り切れるような気がします。

おいしいものを食べて免疫力アップ

しかし、高齢者に「外食をしましょう」「好きなものを楽しんで食べましょう」と私がすすめると、「食事制限をしているからできません」と言われるケースがとても多いのです。というのは、コレステロールや血圧、尿酸値などを気にして、食べたいものを食べずにがまんしている人が多くいるからです。

もちろん、重い病気を患《わずら》っていてどうしても制限しなければならない場合は、がまんも必要でしょう。しかし、「ちょっとコレステロール値が高いから」などという理由であれば、そこはマインドリセットすべきです。70代になったら、食べたいものをがまんする必要などありません。

暴飲暴食は体によくありませんが、適切な量の飲食であれば、好きなものをがまんせずに食べたり飲んだりしても問題ありません。

高齢者になれば食欲も落ちてきます。また、体にいいと信じて〝粗食〟を実践している人も多いようです。そのため実際には、栄養が不足している人がかなりいるのです。これがどれだけ体に悪いことか。好物をがまんするよりも、食べたいものを食べて栄養を摂ったほうがはるかにいいでしょう。

また70歳の人にとっては、たとえ100歳まで生きたとしても余生はあと30年です。限られた時間をどう生きるか——ということも考える必要があるのではないでしょうか。

そのとき、二つの選択肢があります。一つは血圧やコレステロール値などをいつも気にして、がまんしながら長生きする。もう一つは、たとえ寿命が数年短くなったとしても、食べたいものを食べる喜びを感じながら生活する。どちらの生き方が幸せなのか、考えてみてもいいと思います。

要支援・要介護は介護保険と年金の範囲で生活できる

先に健康寿命について説明をしたとおり、個人差はあるにせよ、80代からはなかなか体が言うことをきいてくれません。外で遊ぶ機会は激減し、食事の量も減るなどして生活費も少なくなっていきます。おのずと支出は減っていくのです。

それを念頭に置いていただいたうえで、介護保険の仕組みについて簡単に説明します。65歳になると、市区町村から「介護保険被保険者証」が交付されます。これは単に、これまで介護保険料を支払ってきたことの証明書のようなもので、それだけでは介護サービスを受けることはできません。

支援や介護が必要だという状況になった人は、本人や家族が介護保険被保険者証を持って役所に行き、そのうえで調査員が認定調査をし、主治医が意見書を書いたりしたうえで、支援や介護が必要かどうか判断されます。この一連の流れには、ケアマネージャーと呼ばれる専門職がいろいろと手助けをしてくれます。

要支援・要介護と認定されると、車椅子や介護用ベッドをレンタルできたり、デイサービス（介護施設の日帰り利用）やショートステイ（短期の介護施設宿泊）を利用できたり、自宅のバリアフリー化に費用を援助してもらうことができます。自己負担額は1～3割程度で、残りの7～9割はこれまで納めた介護保険料と、国と各市区町村からの拠出でまかなわれます。

いまや日本では、介護保険の認定さえあれば、寝たきりになっても経済面の心配はほとんどないと言っても過言ではありません。ヨボヨボになってしまったら支出が激減するわけですし、多くの人が年金の範囲で過ごすことができるのです。

80歳までに自分が貯めたお金は使い切る

70代になると大半の人は年金暮らしになります。それに対する備えとして多くの人が退職金を丸まる貯め込むなどして、「老後の蓄え」を作ることになります。ただ、「老後の蓄え」と言いつつ、日本においては、老後になってもほとんど手をつけず、ひたすら節約生活でがまんする人が多すぎると感じています。

満額でも月6万6250円（令和5年）の年金しか支給されない国民年金のみの加入者ならいざしらず、世帯主が会社勤めをしていた家庭ならば、厚生年金プラス企業年金で月30万円程度の年金が入る世帯も多くあるでしょう。ということは、生活費は年金の範囲内で十分やりくりできるのです。

ならば「老後の蓄え」のみならず、「貯金」としてその一部を使ってちょっと生活上の贅沢をしてみてもいいのですが、1円でも取り崩すのは罪悪であるかのように思っている……そういう人があまりに多いのではないかと思うのです。

前述のとおり、近い将来、有料老人ホームに入るとしても、介護保険のおかげで昔に比べて入居費用が安くなっています。ましてや特養であれば、これも介護保険のおかげで、寝たきりあるいは重度認知症になったとしてもさしてお金はかかりません。ということは、まだ頭がはっきりしていて体が動くうちに使わないと、せっかくの貯金が、最終的には子どもに持っていかれて終わってしまいます。

私たちが暮らすこの資本主義の社会は、やはりお金を使えば使うほど幸福感が高まるようにできていますし、周囲からも大切にされます。

70代で旅行に行ったりおいしいものを食べたり、あるいは健康やアンチエイジング、社交にお金をかければ、それだけ老化を遅らせることができますし、幸福感も高まるでしょう。孫にお小遣いをあげたり、子どもの住宅ローンに援助するなどすれば、孫や子どもに大切にされます。なのに、ここでお金を使うことに尻込みしてしまう。

「もったいない」ではすまない話です。

家を売って老後資金を作る方法もある

そうは言っても、現実問題として年金だけで生活をやりくりするのは難しく、また、貯金もあまりないからできるだけ取り崩したくない——と反論する人もいるでしょう。

そういう人でも、もしも持ち家があるのであれば、それを「売る」ことで老後資金を作るという方法があります。

国土交通省の「令和3年度住宅市場動向調査報告書」によると、住宅を初めて取得する世帯は「30歳代」が最も多く、2回目以上の取得となる世帯は「60歳以上」が最も多いそうです。

この本の読者で持ち家のある方は、親から継いだという人を除けば、最初に取得したのは30代だったのではないでしょうか。マンションであれ一戸建てであれ、結婚して子どもが生まれ、家族とゆっくりと過ごすために購入したファミリー型の3LDKや4LDKが中心だと思います。

子どもと一緒に暮らしている時期でしたらこれだけの部屋数も必要でしょうが、子どもが独立し、夫婦2人だけで住むようになって「広すぎる」と感じる家庭は多いのではありませんか。

時間がたっぷりあるとはいえ、4LDKの部屋の掃除は意外と大仕事です。使わない部屋だからといって掃除を怠《おこた》り、物置状態にしてしまうのも嫌なものです。

「自宅のダウンサイジングを希望するシニア世代」と「家族でくつろげるファミリータイプを求める現役世代」とがいる。ならば「交換」が成立します。「自宅を売る」という選択肢も検討しましょう。

住み慣れた自宅から出て行くのは忍びないと感じるのでしたら、不動産を担保に老後の生活費などを一時金または年金形式で借りられる**「リバースモーゲージ」**と呼ばれる貸付制度を検討するのもよいでしょう。住宅ローンと同じく、その家に住んだままお金が借りられますし、最後は死亡時に精算（現金一括払いか自宅売却）することになります。

この仕組みは、残念ながら日本ではまだあまり広く活用されていませんが、海外ではこの制度を利用して年金生活以上の暮らしを実現している人がたくさんいます。これを利用すれば、生きている間は自宅に住みながら、毎月お金が入ってくるわけです。

持ち家がある方は考えていいものだと思います。

マインドリセット

第2章

「子ども」への

子どもに対する考え方を変えよう

年をとってマインドリセットすべきテーマの中で、私がぜひ実行したほうがいいと考えているのは「子ども」です。

「日本って、おかしいな」と私が感じるのは、わが子がいくつになっても、いつまでも「子ども扱い」するところです。高齢の親と引きこもりの子どもからなる世帯のことを指して「８０５０問題」という言い方がありますが、親が80歳になっても、なお50歳の引きこもりの子どもの面倒を見ないといけないといった状況は、悲劇としか言いようがありません。

引きこもりでなかったとしても、一生独身の人がたくさんいます。たとえば50歳になった時点で一度も結婚したことがない人の割合を「生涯未婚率」といいますが、男性の生涯未婚率はなんと28・３％（２０２０年データ）。じつに3割が一生独身です。

それでも自活していればいいのですが、実家暮らしで、仕事もやめてしまうなどして、親がいつまでも面倒を見続ける状況になっている家庭も多いのです。

そうなると親は、「自分が死んだあとも子どもが困らないようにしてあげたい」という心理を働かせてしまい、「子どもにお金を残したい」となる人が多いのです。第1章で見たように、高齢になればなるほど、じつは「お金を使っている人」のほうが幸せになれる面があるのに、子どもにお金を残そうとして、自分のためにお金を使えなくなる高齢者が想像以上に多いのです。

それとは逆に、「いままでこれだけしてやったのだから、子どもに介護してもらいたい」と、すっかり子どもに頼り切ってしまう高齢者もいます。親子の関係が密であるために、子どもの側も親の介護を引き受けてしまいます。

とくに親を引き取り、在宅介護をすることにした子ども世代の中には、そのために仕事をやめてしまう人が大勢います。現役世代は生活費や自分自身の老後のための蓄えが必要なはずなのに、親の介護を優先せざるをえなくなった結果、子ども世代が退職に追い込まれてしまうのです。

介護者と被介護者がどちらも65歳以上の状態を「老老介護」、ともに75歳以上だと「超老老介護」ともいわれますが、そういう年齢まで親の介護が続くこともありえます。それで介護する側が体を壊したり、心を病んだりすることもかなりの割合で起きています。親子ともに不幸になっては、元も子もありません。

「子離れ」をしよう

たしかに子どもは可愛いのです。

可愛いのですが、「一生面倒を見なければいけない」「財産を残さなければいけない」、あるいは逆に、「老後は子どもに面倒を見てもらうべきだ」「そのために、子どもには嫌われないようにしないと……」といった思考をマインドリセットできないままでいると、自分の人生を子どもに隷属させることとなり、親も子も不幸な結末になってしまうことが起こりうるのです。

後悔のない人生を送るためにも、よい意味で「子離れ」をして、親は自分自身の幸せを考えて行動することが大事になってくると思います。

子どもに関してはもう少しドライに、「子どもは子ども、自分は自分」と割り切ること。これが、これからの時代においていっそう大切になってきます。そして、自分のお金は自分の幸せのために使ってください。

たとえ、子どもが定職につけないとか、うつ病になってしまうことがあったとしても、本来であれば、社会福祉によって面倒を見てもらうことが原則です。長年、納税者として税金を納め、社会の側もセーフティネットを整えているわけですから、あまりに何でもかんでも親が背負おうとしなくていい。そのことは知っておいていいと思います。

それが結果的に、子どもを自立に導くことになりますし、将来的に、子どもに老老介護をさせて〝親子共倒れ〟になるリスクを減らすことにもつながるのです。

「子どもに財産を残そう」とは考えない

日本の高齢者がお金を使わない理由の一つが、いま見たような「子どもに財産を残そう」という強い思いです。その結果、莫大な額の預貯金が社会に出ることもなく貯め込まれてしまっています。

日本政府は膨張する社会保障費の財源として消費税を当てにし、消費税率を上げようともくろんでいますが、私にもっとよいアイデアがあります。いっそ相続税の税率を100%にしたらいいのではないでしょうか。

高齢者が貯め込んだお金はすべて税金として徴収する。そうすれば国の税収が上がりますから、若い世代の人たちの税負担が減ります。しかも、貯め込んでも子どもに残せないと知った高齢者が、せっせとお金を使うようになりますので、経済効果は莫大なものになると予想されます。

また、子どもにお金を残すのが当たり前となっている現状だと、子どもは子どもで遺産をもらうことが当たり前だととらえます。たとえば、伴侶を喪った高齢者が新たな恋をして、その人と再婚をしようとしても、遺産が欲しい子どもに反対される。そんな「金持ちパラドックス」のような出来事もあちこちで起こっています。

子どもにお金を残そうという「文化」がなくなればよい。私はそう思っています。

「成年後見制度」の問題から「遺産争い」まで

高齢者の死後に残された子どもを悪く言うつもりはないのですが、「成年後見」という制度にも、お金がからんでくるがゆえに面倒なことが発生します。

この制度は、認知症などによって判断能力が不十分であると認定された高齢者に代わって、後見人が本人の財産を管理するという制度です。適切な判断ができない高齢者が、高額の商品を購入したり、詐欺被害にあったりすることを避ける、という大きな狙いがあります。

2000年に制度化されて以来、利用者は増え続け、2020年には約23万2000人が利用しています。

誰が後見人になるのか。高齢者が認知能力のあるうちに自分自身で成年後見人を選ぶ「任意後見」と、認知能力が不十分であると判断されたあとに家庭裁判所が選ぶ「法定後見」の2種類の制度があります。後者の場合、高齢者本人に親族がいるなら、通常は親族から選出されます。

そうやって選ばれる成年後見人ですが、高齢者のお金を守るどころか、後見人が身勝手に使ってしまい、発覚して問題になることがあります。それもこれも、高齢者が認知症になるまで自らお金を使うことなく貯め込むからです。

また、複数いる子どもたちが遺産をめぐって争いを起こすことも多いのです。よかれと思って子どもに大金を残した結果、きょうだい仲が悪くなる。むしろ子どもたちを不幸にしてしまうのです。

自分の死後に立派な葬式をやりたいとか、立派な墓を建てたいなどと考える人もいますが、実際のところ、死んだあとのことは自分ではコントロールできません。

昨今のように少子化社会が続くと、50年、100年経ったころに、自分の子孫が生き残っているかさえわかりません。どんなに立派な墓を作ったとしても、無縁仏になっている確率は、残念ながらとても高いのです。

子どものためにたくさんのお金を残しても、よい結果につながるとは限りません。

それならば、たとえば自分の母校の小学校や中学校、あるいは自分の生誕地や長く住んだ地域に寄付をしたり、自分の名前のついた奨学金を作るなどしてみてはどうでしょう。そのほうがよほど感謝され、自分の名前を残すことができます。

このようなマインドリセットをしたほうがいいのではないかと思います。

子どもをあてにしない、代わりに気にしない

お金を貯め込みすぎたために子どもとの関係が悪くなるケースはたくさんあります。誰しも、自分が介護を必要とする状態になったときのことを考えます。そのときには子どもに介護してもらいたいと願うことは、自然なことです。

しかし、それが必ずしもよい結果になるとは限りません。

複数人の子がいる親で、「自分を介護してくれた子に財産を残したい」とおっしゃる方がいます。しかし本来、残されるお金があるから介護をするのではなく、親子の愛情があるから介護をするのです。

現実的な問題として、介護をしてくれた子どもとまったく介護をしてくれなかった子どもの2人がいたとして、日本では法的には相続上の権利は平等になります。たとえ正

規の遺言書に「介護をした○○にすべての財産を相続させる」と記したとしても、法律上規定された遺留分があります。そのため、遺言の無効申し立てをして、裁判できょうだいが争うことになるケースも多いのです。

介護を念頭に置いて財産を蓄えてきたのならば、自分の世話をしてくれるフルタイムの介護士を雇うという方法をおすすめします。どれだけの資産があるかは個人差がありますから断言できませんが、子どもに残すお金があるなら、子どもをあてにするより、プロの介護士のサービスを受けて報酬を支払ったほうが合理的だと思います。

子どもをあてにしない代わりに、気にもしない、という考えもあっていいと私は思います。

死別したり熟年離婚した高齢者が、新たに恋に落ちるということはままあります。その相手と再婚しようとしたときに、昨今では子どもたちも広く祝福してくれることでしょう。

ところがその高齢者になまじ財産があると、「そんな人、財産目当てに決まっている」「お父さんが不幸になるだけ」などと言って、反対し始める子ども世代は多いのです。

私が見聞きする限りでも、「子どもが反対するから結婚をあきらめた」ということが、けっこう起こっています。老後の再出発をしようというときに、子どもの意見を気にしすぎて幸せになれないわけです。

欧米だと、それこそギリシャの海運王オナシスではありませんが、高齢でも、子どものことなんて気にしないで、堂々と愛を貫いて再婚する人がたくさんいます。

子どもと縁が切れるのが怖いから再婚しない、子どもとのつながりを切りたくないといった発想は、子どもに多くの財産を残したいという発想とともども、棄ててしまったほうがいいと思います。

子どもに迷惑はかけてもいい

高齢者は「子どもに迷惑をかけたくない」と思い、少しでも多くの財産を残したり、好きになった人との再婚をあきらめたりします。子どもに介護を受けることを拒否したり、子どもに財産を残したいからと施設に入ることを拒む人さえいます。

その結果として、孤独死をする人も多いのです。

でも、読者のみなさんに聞きたいのです。そもそも、認知症や寝たきりになった高齢者が「他人に迷惑をかける」のは、それほど悪いことなのでしょうか。私としては、とてもそうは思えないのです。


「自己心理学」の提唱者として知られるハインツ・コフート、あるいは日本の土居《どい》健郎《たけお》先生などの精神分析学者たちは、人間とは基本的には依存的な生き物であり、むしろ**他人に上手に依存できるようになるのは人間の進化である**と考えました。

たとえば、いまここである人が食事をしていて、ふとビールを飲みたくなったのに、手の届く範囲にはビールがなかったとします。そのときに「誰かが僕のグラスにビールを注いでくれたらいいなあ」と、他人からの恩恵を受けたいと素直に思えること、さらには「きっと誰かが注いでくれるはずだ」と待っていられる姿勢こそが、人間が生きているうえできわめて重要な能力である、と土居先生たちは考えたのです。

またコフートによれば、ある人がある人を依存対象にする関係においては、依存した側だけでなく、依存対象にされた側も自己愛が満たされることで、双方ギブ・アンド・テイクを果たす**相互依存関係**が成立していると考えます。

たとえば、勉強のできる優等生A君が同じクラスの劣等生B君にノートを見せてあげるようなケースでは、第三者的な視点では、B君がA君に一方的に依存しているように見えてしまいます。しかしこの2人の関係においては、じつはA君の側もB君から「君はほんとうにいい奴だなあ」と言ってもらえることで自己愛が満たされている。だから立派にギブ・アンド・テイクになっていると考えます。

要は、頼られて嬉しくない人はいないのだから、何かあったときには泣きつけばいい、というわけです。

コフート的な考え方に立てば、要介護状態になった高齢者が他人を頼ったり、迷惑をかけたりするのは全然悪いことではありませんし、むしろ多少の迷惑をかけることで、その相手にも恩恵を施している、と考えることさえ可能になります。

できないことは「できなくて当然」でいい

同じことは親子関係にもいえるでしょう。

高齢の親が孤独死するような事態にでもなれば、その子どもはその後の人生を通して罪悪感に苛《さいな》まれることにもなりかねません。

昔は「親孝行、したいときには親はなし」と言われましたが、いまは**「親孝行、したいときには親が要介護」**という時代です。コフート的な考え方に基づくなら、つらいときに子どもに頼るのは迷惑ではありませんし、むしろ適度に迷惑をかけることで、子どもの親孝行欲を満たしてあげることになるのです。

自分には何ができて、何ができないのかを明確に分類したうえで、できないことについては「できなくても当然」ととらえる思考、あるいは、「人に頼ることも一種のギブ・アンド・テイク」ととらえる発想は、高齢期を快適に過ごすために必要なものです。

「貸し借り」という考え方も多少は必要でしょう。たとえば、年金が少なくて生活保護を受けるような場合でも、「これまで払ってきた税金を返してもらっているんだ」と思うことです。

子どもに対しては、「育てた」という貸しがあるのですから、多少は面倒を見てもらったり、迷惑をかけたりして借りを返してもらっても罰は当たらない。そう考えてみてもいいのではないでしょうか。

そういうマインドリセットが、心の健康度を高めてくれると思うのです。

恩着せがましい態度をとるということではなくて、心が満たされ、快適に過ごせるようになることで、周囲の人にも優しくなれる。高齢者から「幸齢者」になることで、幸せの輪が、その人の周りに大きく広がっていくと思うのです。

そのためのちょっとした考え方のスイッチなら、取り入れてみて、得することはあっても損することはないはずです。

マインドリセット

第3章

「夫婦」への

夫婦のあり方も変わっていく

年をとるとともにマインドリセットが必要なものの一つに、「夫婦のあり方」があります。

熟年離婚という言葉を耳にします。熟年といっても、最近は「高齢離婚」といったほうが実情に合っているように私には思えます。40～50代より、たとえば夫が定年退職になってとか、年金をもらい始めてから離婚する方が多いように感じるからです。

その理由としてはいくつかありますが、まず、法律が変わって、離婚後に夫婦で年金が分割されるようになったことがあります。いまは厚生年金＋基礎年金の半分の金額をもらえるようになり、離婚した妻でもある程度生活を維持できるようになりました。

財産分与もわりと認められることが多いようで、持ち家を売って財産を2分割にするようなことも可能になりました。

さらに昔と比べ、60代を越えた女性でも働くことができる場も増えています。

こうした社会の変化によって、女性が離婚したあとでも食べていけるようになり、

「嫌なものをいつまでもがまんする必要はないよね……」という考え方に世の中が変わってきています。

夫の定年後、子どもは独立し、夫婦２人の生活が始まります。それまでは互いに仕事や友人関係、趣味などで、一部を共有するだけだったのが、急に一日中、常時顔を合わせる状態になるなどして、多くの場合、女性のほうが先に音を上げます。その結果、熟年離婚に至るケースがたくさんあります。それぞれに言い分はあるとして、結局は「一日中一緒にいる」という状態があまりよくないのです。

私もいくつかの著書に書いているのですが、これにはまず、**「つかず離れず婚」**をおすすめしたい。

一日中一緒にいれば、どんな相手でも欠点や粗《あら》が見えてきますし、嫌になってしまいがち。ですから、つかず離れず、意図的に一緒にいる時間を減らすことで、夫婦関係をよくするという考え方です。わりと、それでうまくいっている家庭は多いですし、場合によっては、その先に、離婚をせずに「別居する」という選択肢を採る夫婦もあるようです。

後半生は「夫婦の相性」が最も大事

もう一つは、本当に離婚してしまう。これは夫婦関係の「リセット」です。若いころにする結婚は、多くの場合、そのあとに「子育て」がやってきます。私の考え方が古いのかもしれませんが、子育て中に離婚をすると、やはり子どもがかわいそうだと思うのです。その辺りの判断は分かれると思いますが、「親ガチャ」という言葉もあるように、子どもは親を選べません。産んだ以上はちゃんと育てる責任が、夫婦互いにあると、私としては信じているのです。

アメリカの調査を見ると、仲が悪い夫婦に育てられるより、ちゃんと離婚して別々に生きたほうが、子どもはいい子に育つ傾向があるというデータもあるそうですから、それは私の「思い込み」にすぎないのかもしれませんが……。

仮に、子どもが就職するまで夫婦を続けたとして、50代、あるいは60代に差し掛かって、子どもを育てる責任はなくなります。そこで夫婦2人の関係に立ち返って、「これからも仲良く暮らしていけるか」で、夫婦を続けるか決めていいと思うのです。

ちなみに、私の母は70代になって、「この人と同じ墓に入りたくない」という理由で、父と離婚しました。そういうケースもあります。あるいは、もうちょっと現実的な問題で、どっちかがボケたり、歩けなくなったりしたとき、相手の介護ができるか、オムツを替えることができるか、ということは自問自答したほうがいいと思います。

もう少し身近な話で言えば、温泉であれ海外であれ、いっしょに旅行に行って楽しめるかどうかは考えていいと思います。

20代や30代で結婚するときは、食べていけるか、子どもを作って育てていけるかといった「条件」面で考えがちで、「相性」の部分はそこまで気にならないものです。ところが、定年になって2人きりになると、相性や気が合うかどうかをより強く感じるようになります。そのうえで、「やっぱりこれ、ずっと一緒にいるのはちょっとかなわんわ……」ということも起こります。

そうなったときに互いに一度リセットして、後半生のパートナーを改めて選ぶということはあっていいと思うのです。そして、2回目の結婚は、気が合うかどうかで選ぶ。外見などではなくて、気が合うかどうか。これはとても大事だと思います。

この人と残りの人生を過ごしていきたい。一緒に旅行に行ったら楽しい。この人なら介護してもいいな……そんなふうに思える相手か否か。人間がその歴史上、最も長生きするようになった以上、夫婦のあり方も変わっていきます。その結果、20代から50代、60代くらいまで一緒にいる相手と、それよりあとの30年くらいを一緒に過ごす相手が違ってもいいのではないかと、私としては思っています。

若いころからずっと添い遂げることももちろん素晴らしいことです。でも、「そうしなければダメ」なのではなくて、年をとってから気が合う人と添い遂げるための夫婦、という関係性もあっていい。

夫婦というものをもう一度考え直してみる。こうしたマインドリセットも大事だと思います。

夫は夫の、妻は妻の楽しみがあっていい

長年、夫婦生活を送ってきて、子育てや親の介護が一段落すれば、女性にはやっと自分の自由になる時間が生まれます。

そこでどんどん外に出ていきます。近所にも気の合う仲間がいますし、昔の友人や同級生もだいたい同じような人生サイクルで生きていますから、お互いに時間はたっぷりあります。集まって食事をしたり、旅行や趣味の集まり、学習サークルに出かけたりします。

家事は自分のペースでやればいいですし、晩ごはんを外で食べてくることぐらいは夫も嫌がりません。そもそも、その時間に夫は家にいません。つまり朝、夫を家から職場に送り出してしまえば、誰にも気兼ねのいらない生活ができたのです。

でも、夫が仕事を完全にリタイアして毎日家にいるようになると、そうもいかなくなってしまいます。妻は不満がどんどん膨らみます。「長い間、ご苦労様でした」という気持ちはあっても、一日のほとんどを自分のペースで暮らせていたのに、それがままな

らなくなるからです。

一昔前のように「風呂」「メシ」と命じるような夫はさすがにいないでしょうが、家の中にいる間は妻を頼ってしまう60代70代以上の男性は、いまでも多いことでしょう。

キッチンや収納スペースの使い勝手がわからずに、「あれはどこにあるんだ」「これはどう使えばいいんだ」などとその都度、妻に尋ねたりします。妻にしてみれば、「いちいちうるさいなあ」「自分で探せばいいのに」とそのたびにイラッとします。

これはあくまで私の想像ですが、枯れてきた70代以降の夫婦ともなれば、それなりに落ち着いた関係、お互いを労《いたわ》り合って穏やかに暮らしているというイメージがありますが、現実にはけっこうきつい言葉のやりとりをしたり、相手を疎《うと》ましく感じることが多いのではないでしょうか。

でもそれは、感情を持った人間としてごく自然な一面でもあると思います。

妻は外交的で活発になっているし、夫にだってまだまだ男としての意地やプライドも残っているから、そういうことも起こります。

夫婦が刺々《とげとげ》しい関係になるリスクから抜け出すのは簡単です。夫が、つまり男性の側がもっと自由に生きればいいのです。妻に依存せず、閉じこもらないで外に出る。人づき合いでも旅行でも、自分が楽しめる世界を見つけることです。70代はまだまだそれができる年齢なのです。

妻は妻でグループ旅行に出かけ、夫は夫で一人旅に出る。これまでと同じパートナーと結婚生活を続けていく場合、そういう楽しみ方が定年後の夫婦の自然なあり方かもしれません。

「夫婦単位」の生き方を抜け出してみる

「夫婦なのに別々に旅行するのか」と思う方がいるかもしれません。

もちろん、どちらかに歩行や健康の不安があるなら一緒のほうがよいでしょう。でも、そうでなかったら、別々の旅行というのもいいものです。

夫には夫で、妻なら妻で、それぞれが行きたい場所があり、楽しみにしていることがあります。たとえば夫の側に国宝級の城を見学したいという希望があっても、妻は城にはまったく興味がないということもあるでしょう。

それならば、なにも一緒に出かける必要はありません。夫は一人で、あるいは同好の士とともに城に向かい、妻は妻で仲の良い友人と景観や音楽、絵画、グルメなどを満喫する旅に出かければいいのです。

ふだんの暮らしでも、同じことがいえます。

映画を観たい、演劇を観たい、コンサートに出かけたい。そういうときでも好みが分かれるなら、どちらかががまんをして相手に合わせる必要はありません。別行動を取ればいいのです。そのほうが、互いに気兼ねせず済みますから。

夫はアクション映画を観る。妻はロマンチックな恋愛映画を観る。終わったら待ち合わせて感想を話し合えば、それはそれで楽しい時間になるでしょう。

妻から見て自分を束縛しない夫、あるいは夫から見て自分を仕切らない妻には、お互い、イライラすることもなくなります。結果として、風通しがよくて話題も絶えない夫婦になれるのではないでしょうか。

70代というのは、夫婦それぞれ自由になれて、しかもまだまだ体も元気で行動力のある年代です。

お互いに長く背負ってきたものから解放されたのです。その自由を自分の楽しみのために満喫すればいいいと思います。何をするにも夫婦を単位にする必要はありません。

そうして80代の後半にもなれば、どちらかが、あるいはどちらもそれなりに老いてきます。お互いに助け合ったり、相手に頼って生きたりするのが、「自然な生き方」になってきます。

もう一度「夫婦単位」に戻るのは、それからでも遅くありません。

「つかず離れず婚」のすすめ

子どもが独立し、なおかつ仕事をリタイアした夫婦は、２人で四六時中顔を合わせるということになってしまいます。

この状態を「２人で一緒の時を過ごせるようになった」ととらえ、なるべく一緒に行動しようと考えると、互いに相当なストレスを抱え込んでしまいます。

２０１８年にタレントの上沼恵美子《かみぬまえみこ》さんが夫の定年退職を機に患《わずら》ったものとして公表したことで、**「夫源病《ふげんびょう》」**が有名になりました。

これは、更年期の患者を診てきた循環器・心療内科医の石蔵文信《いしくらふみのぶ》先生が命名した概念で、夫の言動が妻のストレスとなって引き起こされる、めまい、不眠、動悸《どうき》、耳鳴り、食欲不振、うつ病などさまざまな心身の不調のことです。

従来は夫のひどい言動などに対する反応として発症するとされていましたが、そのようなことがなくても「夫の存在そのものがストレス」となって発症することが多いという傾向が広く知られるようになりました。

そのような事態を避けるためにも、これまで述べてきたように、夫婦単位の行動が過度でないようにする。旅行や日常でのお出かけを別々にする。互いに個室を持ち、その部屋での行動については干渉をしない。あるいは夜、寝る部屋を別々にする。そうした工夫はぜひ必要でしょう。

離婚するまでのことはなくても、従来の夫婦ほど一緒には行動しない。前述のとおり、私はそれを「つかず離れず婚」と呼んでいます。

2人にとって程よい距離を保つことで、イライラすることもなく精神的に安定しますし、互いを尊重することもできるようになるのです。

どのくらい離れればいいのかが問題になりますが、それは、2人でそれぞれが望む生活について話し合い、一定の距離をとるようにルール化をすればよいでしょう。

たとえば、

- **買い物、食事づくり、食事は別々に行う**
- **洗濯は各自で行う**
- **泊まり以外の外出は断る必要なし**
- **外泊や旅行は万一のときに備えて事前報告するが、よけいな詮索《せんさく》はしない**

といったあんばいです。

ルールはいくつあってもいいですし、あとで追加や削除、変更するのも自由です。大切なことは、「お互いに納得して決める」ということです。間違っても、一方の価値観を押しつける形で決めてはいけません。

ルール化することによって、顔を合わせる機会を減らし物理的距離を確保することに加えて、程よく心理的距離もできて、互いのストレスが軽減するのです。

心に余裕ができると、これまで言わなかった「ありがとう」「ごめん」といった言葉が出やすくなります。相手への敬愛の気持ちも高まるのです。つまり、「つかず」を実践することで「離れず」が可能になることもあるのです。

つかず離れず夫婦の性愛リセット

つかず離れず婚でのルールは、それぞれの夫婦で話し合って決めればいいのです。そして、お互いに納得するなら、「性」に関しても踏み込んでみてはどうでしょうか。高齢者にとって、性はタブー視されています。「いい年をしてみっともない」「年甲斐もない」という価値観が一般的ですし、高齢者自身も「エロ爺《じじい》」などと非難されることを恐れて、消極的になっているのではないでしょうか。

でも私は、男性が、美人ママのいるスナックで飲みたい、キャバクラで若い女性と話したい、あるいはもっと先、風俗店に行って性的なサービスを受けたい、といった願望を持つことは、ごく自然なことだと思います。そのうえ性的願望をかなえることは、健康な老後生活を送ることにもつながります。

女性と話したり、女性と性的に触れ合ったりすることで、男性ホルモン（テストステロン）の分泌が増えれば、若々しさを保つことにも役立ちます。

男性ホルモンが減ると、筋肉がつきにくくなり、筋肉量が減少するサルコペニアやフレイル（虚弱）になるリスクが高まります。また、意欲が落ちたり、記憶力や思考力が低下したりすることにもつながります。しかし、性的刺激を受けることで、男性ホルモンの分泌が増加し、そういう機能の低減を減速する効果が期待できます。

もちろん高齢期の女性も、性的な刺激を受けることはいいことです。最近は女性向け風俗店も出ているようですから、関心のある方であれば、恥ずかしがらずに利用することも選択肢の一つです。

とはいえ一般に女性の場合は、直接的なエロティシズムよりも擬似恋愛的なコンテンツを好むようです。そういう方は、「推し」を見つけて、楽しむのはどうでしょうか。いわゆる**「推し活」**です。

男性アイドルや韓流スター、あるいは歌舞伎が好きな女性はたくさんいます。ライブや映画、公演を観に行ったり、グッズを集めたり、ファンの集いに参加するなどの推し活動をすることで、ホルモンのバランスがよくなって若々しさを保てるようになります。

ここに記したのは、いわゆるお金を伴う性的刺激です。異性間の恋愛感情は入っていません。

その一方で、互いにルールとして納得したうえでなら、恋愛、つまり妻以外の女性、夫以外の男性を好きになるということも「あり」でしょう。誰かを好きになり、ハラハラ、ドキドキして心をときめかせることは、前頭葉の老化を防ぐと同時に、幸せホルモンであるセロトニンの分泌を増加します。

性愛に関する部分は、結婚生活の根幹を揺るがしかねない問題です。繰り返しますが、つかず離れず婚で互いが納得したうえでの行動であることが大切です。そのことはしっかり強調したいと思います。しかし、合意のうえでどのような選択をするかは、その夫婦ごとに違っていいのです。

「一生添い遂げなければいけない」は幻想

そして、「つかず離れず婚」でもどうにも難しいということになったら、前述したように、**「後半生のパートナー」**について考えてみてもいいと思います。

このように言うと、まるで離婚をすすめるように聞こえるかもしれません。そうではなくて、あくまで高齢者として生きていくうえで、いま一緒にいるパートナーとの関係を改めて考えてみることは大事だということです。つまり、この人と一生添い遂げることができるだろうかと、考えてみませんか、ということなのです。

十分に人生を過ごしてきた夫婦が離婚するなど、あまりよいことだとはとらえない人もいるでしょう。でも私は、熟年離婚は間違った選択ではないと思っています。結婚は二度するくらいでちょうどいいのかもしれない、と思うくらいです。

先に述べたように、結婚生活には「目的」があると思うのです。

いわゆる結婚適齢期に結ばれた一度目の結婚では、子どもを授かったら育てていくという共同の目的がありました。夫婦は子育てという作業をする同志だったのです。

幸い、子どもが成長し、親の手を離れて独立して生きていくようになったとき、そして定年退職をして家で2人きりで過ごす時間が多くなったとき、果たして一緒に生活を送り続けていけるでしょうか。

たとえば夫婦で旅行に行きたいと思うかどうか。あるいはいまのパートナーの介護ができるかどうか。そういうことを自問自答し、仮に「難しい」となったなら、離婚してそれぞれの道を歩くのも一つの選択ではないかと思うのです。

離婚してしまったらもう最後、二度とパートナーは見つからない、と思う人も多いかもしれません。でもいまのご時世、実際に熟年離婚をする人も増えています。そして、後半生のパートナーを求めている人がたくさんいます。そのため、新しいパートナーを見つけることは以前よりはるかに容易になっているといえます。

以前は、高齢男性が離婚したら、若い女性と再婚したいと夢見た人も多かったようですが、現在はもっと現実的に、離婚・再婚を考える人が増えているように感じます。男女とも、いわゆるバツイチ同士で再婚し、残りの人生を楽しむ。そういう結婚関係はあっていいと思います。

マインドリセット

第4章

「医療」「健康」への

© Ground Picture/shutterstock

年をとったら「ｗｉｔｈ」を生きる

老年医療に長年携わってきた医師として、私がみなさんにぜひマインドリセットしてほしいと考えているのは、「病気について」です。

日本人はまじめすぎるのか、健康診断の検査データでちょっとした異常値があると、その全部を「正常値にしないといけない」と思い込んでしまうところがあります。あるいは、何かしらの病気が見つかったら、「直ちに治さないといけない」と考えてしまいます。

「ちょっと高血圧」「ちょっと血糖値が高い」「ちょっとコレステロール値が高い」など、人間というものは年齢を重ねるほど、いくつもの軽い検査異常、あるいは軽い病気を抱えてしまうのが普通です。それが「当たり前」であって、上手に体の変化とつき合っていくほかありません。

だから、**「ｗｉｔｈを生きる」**という発想が大事になってきます。

データを正常値にしようと強い薬を服用した結果、薬の副作用で倦怠《けんたい》感に襲われてしまったり、一日中ぼーっとしてしまうようなケースもよくあります。ですから、数字的な正しさを追い求めるより、体の状態と上手につき合って、ひどい状態にはしない。体調の良し悪しで考える。そういう姿勢をもっと大切にしてほしいと思います。

それが、結果的に幸齢者に近づくコツだと私は思います。

和田秀樹は「病気のデパート」状態

じつは、自慢ではありませんが、私自身は「病気のデパート」です。血圧は放っておけば220くらいになってしまいます。いまは薬で170くらいにコントロールしていますが、でも、それ以上に下げようとは決して思いません。というのは、それ以上血圧を下げると、頭がフラフラしてしまうからです。

血糖値も、早朝血糖値が200から300くらいで、これでも十分高いのですが、だからといってこれ以下に下げる必要はないと思っています。放っておくと600くらいまで上がるので、ボロボロの状態ではありますが、血圧とは違い、糖尿病のほうはあまり薬を使わずに、歩いたりスクワットをしたりすることで下げています。

心不全という病気も抱えていて、心臓のポンプ機能が落ちているのですが、これはなぜか利尿剤を飲むと状態がよくなるので、利尿剤を服用していまは息が切れることもありません。その代わり、トイレが近くなってしまいましたが、これは仕方ありません。

だからといって、検査で正常値に戻したいとか、病気を完全になくしたいとはまったく思いません。60歳を越えて、そんなことは不可能だからです。それより、「いま元気だったら、それでいいじゃん」「いまちゃんと仕事ができているなら、それでいいじゃん」という発想に切り替えて生きています。それだけで余計な精神的ストレスなく暮らすことができています。

とにかく、年をとってくれば病気なんて誰でもいくつも抱えているものです。それがよほどひどい症状ではない限り、無理に薬で抑え込もうとしたり、検査データに一喜一憂《いっきいちゆう》したりするのではなくて、「自分の体が楽かどうか」「楽しく暮らせるかどうか」を基準に考えてほしいと思います。

「つらい」とか「苦しい」といったことがあれば、その段階になって初めて薬を飲めばいい――そういうふうにマインドリセットをしていただけると、年をとってたくさんの薬が処方されて、まじめに飲んだらかえって具合が悪くなるという**「多剤服用」**のリスクとも無縁でいられます。なにより、楽しく生きていけると私は信じています。

年をとったらwithを生きる、そんなふうにぜひ考えてみてください。

医者とのつき合い方

病気とのつき合い方以上にマインドリセットが重要なのは、医者とのつき合い方です。

私は、お年寄りの患者さんをたくさん診ていますが、日本では「医者と仲良くしないといけない」とか、「医者に嫌われたらまずい」というふうに思っている人がすごく多い気がします。

たとえば、薬を飲んで自分の体に合わなくても、「変えてほしい」とはなかなか言えません。中には、角《かど》が立つのが嫌だからと、飲まないで黙って棄ててしまう患者さんも多いのです。あるいは、医者の治療方針に疑問があり、「手術は受けたくない」と思っていたとしても、「受けないと嫌われるよね……」と考えて、そのまま医者の言うことを聞いてしまいます。

先日も、とある週刊誌から「角が立たないように、医者の治療方針を断る方法を教えてください」と取材依頼がありました。でも、残念ながら医者に嫌われないような断り方は「ない」のです。

角が立たないように、といっても、医者というものはたいがい「自分は患者より偉い」と思っているわけです。患者さんに、「この薬は合わなかった」とか、「やっぱり手術を受けたくない」と言われれば機嫌が悪くなります。人間ができていないのです、基本的に。

そのうえ、最近はすべての大学医学部の入学試験で面接がありますから、「あなたは医者になる資格がある」というお墨付きをもらったと勘違いし、「自分は勉強もできるし、人間もできている」と思い込んでいる〝バカ医者〟がいっぱいいるわけです。

医者にお礼のお金を包むのは是か非か

また、患者さんが手術を受ける前に、お礼を包む人がいまだに多くいます。場合によっては10万円、20万円を包む人もいるでしょう。

私は、手術がうまくいったときに、感謝の意味を込めてお礼を渡すことそれ自体は悪いことではない、と思っています。というのは、勤務医は、開業医に比べてずっと報酬が低いので、それが、よい医者が病院に残り、よい治療をするインセンティブにもなるからです。

私が問題にしたいのは、そうではなく、「手術前にお礼を払ったらまじめにやってくれる。でも、お礼を払わないなら手を抜かれるのではないか……」との心配が患者さんの側にある点。これはありえないことです。手術する前や治療前に「手を抜かずにちゃんとやってもらうこと」を目的に、医者にお礼を払う必要はまったくありません。

まずいのはむしろ、「この患者は、失敗してもたぶん訴えないよな」という形で舐《な》められることです。

患者のことを舐めた医者は、どこかで手を抜きます。そこはちゃんと見極めたほうがいい。逆に、「この患者は手術に失敗したり、薬の出し方のミスで副作用が強く出たりすると訴えられそうだな」と思えば、ピリッとします。

そういう意味では、手術前にお金を渡すよりも、「こんなデータがありますし、他にこんなデータもあります」などと、しっかり勉強して医者に指摘したり、あるいは、「弁護士にはたくさん知り合いがいますので……」というくらいの感じで話して、医者を軽くビビらせたりするほうが、よほどまじめにやってくれます。

最近の医者は、子ども時代から優等生で、中高一貫校を出て大学の医学部に入るような人物がほとんどですから、訴訟リスクを異常に恐れます。刑務所なんて、彼らにとっては想像を絶する〝怖い世界〟であるわけです。

つまりは、医者に嫌われてはいけないと考えるのではなくて、**医者がビビるような患者になったほうがいい。**

「嫌な医者」に舐められてはいけない

訴えても絶対に薬を変えてくれない医者がいたときに、「その薬は、ちゃんとエビデンスがあるんですか？」「日本で大規模調査をやって、こちらの薬のほうが効いたという報告がありますか？」「この薬は、こうした副作用もあるようですが、それについては考えないんですか？」などと指摘して、スマホか何かでちゃんと録音しておく。

そのとき、「そりゃ、エビデンスはないけれど、この薬はいい薬なんだ」「副作用はあまりよくわかってないけど、これで大丈夫だから」といったことを言うなら、注意義務違反に該当する可能性が高いといえます。しっかり言質をとっておきましょう。

医者に嫌われる可能性を考えて、患者の側がビビっている限り、医者からは舐められるだけです。この患者は注意しないとやばいな、訴えられるかも……と医者に思わせたほうが、よほどうまくいく。

もちろん、だからといって、相性がいいとか、信頼できると感じている医者とあえてケンカする必要はありません。

相手が信頼できる医者なら、しっかりあなたの話を聞いたうえで、薬を変えたり、治療法を工夫したり、いろいろ教えてくれたりするはずです。だから、究極には「いい医者」と思える相手とだけつき合えばいいのです。「嫌な医者」だと思ったら、嫌われるのを覚悟で言いたいことを言う。それでもダメだったら、別の病院に移る。ぜひ、それくらいの姿勢でいていただきたいと思います。

とにかく、「医者に嫌われてはいけない」という発想はマインドリセットしましょう。信頼できる医者を見つけ、納得のいく治療を受けるためにも、ちゃんと勉強したり、調べたりしてほしいと思います。インターネット社会になって、一般の方でも昔とは比べ物にならないほど有益な情報を得られるようになりました。ぜひ積極的に情報を取って、賢い患者さんになってほしいと思います。

「がんで死ぬ国」の〝生き方上手〟とは

私がかつて勤務していた浴風会病院での経験ですが、高齢者の遺体を解剖すると、多くの人はどこかに小さながんが見つかりました。年に100人くらいの解剖結果を目にしていましたが、85歳を過ぎた人で体内のどこにもがんがない人など、いませんでした。つまりがんが死因ではない人も、がんを抱えて生きていたわけです。

私たちの体の中では細胞分裂が一生涯ずっと続いています。子どもが成人になるまでは、ほぼきれいに細胞をコピーして成長し続けます。たとえば子どもの小さな肝臓や腎臓は、細胞のコピーを繰り返してどんどん大きくなるのです。

若いころは正確かつきれいにコピーできていたのに、残念なことに年齢を重ねるほど細胞のコピーにミスが出やすくなっていきます。

ミスコピーによって出現した〝出来損ないの細胞〟は、体にとっては異物です。がんとは、出来損ないの細胞が勝手に増えてしまうことで生じるものです。ですから、年をとるほどがんが多くなるのも道理です。

ご存じの方も多いでしょうが、日本人の死因のトップはがんです。

日本は3人に1人ががんで亡くなるほどの「がん大国」です。そうなった大きな要因は長寿化。年齢を重ねるほどがんを抱える人が増えるのですから、当然がんによって死亡する人も増えるのです。

日本では、1981年にがんが死因の1位になりました。先進国の中でもかなり早い段階で、がんが死因1位になった国です。将来は2人に1人ががんで亡くなるだろうとささやかれるくらい、日本は「がんで死ぬ国」なのです。

がんで死にたくないのなら、出来損ないの細胞をできるだけ作らないための生活習慣が必要です。また、免疫機能をどう上げて高く保つかを考える必要があります。免疫機能を高く保つためには精神的な健康が重要になりますし、コレステロールの摂らなすぎも悪影響を及ぼします。

日本は「がんで死ぬ国」だという前提で考えると、従来の健康常識は変わってくるはずです。そもそも健康常識は、国ごとに多い病気によって違うはずです。「この国ではこんな病気が多いのだから、こんなものを摂りましょう」という知恵が必要になるでしょう。

日本では、脚気《かっけ》が「国民病」となったことがありました。

かつて日本の庶民は、玄米のほか、麦、キビ、アワなど栄養価の高い雑穀を主食にしていて、白米は限られた人しか食べられませんでした。ところが江戸時代になって豊かになると、奇妙なことが起こるようになりました。江戸を訪れる地方の藩の大名や侍を中心に、体調が悪くなる人が続出し始めたのです。ところが不思議なことに、彼らは帰郷するとケロッと元気になる……。

当時は原因がわからず、「江戸煩《わずら》い」と呼ばれたのですが、明治期になって解明されました。ビタミンB_1欠乏症、つまり脚気だったのです。江戸で急に白米中心の食事に替わったために、胚芽《はいが》からビタミンB_1が摂れなくなったのです。

ビタミンB_1については、日露戦争で悲劇がありました。兵士にだけは白米を食わせてやろうという日本陸軍の親心が、脚気による死者をたくさん出してしまうことになったのです。陸軍の脚気患者はじつに25万人、うち死者は2万7000人以上とされています。逆に、ビタミンB_1を多く含む豚肉を「海軍カレー」の形で食べさせた海軍では、脚気による死者をほとんど出しませんでした。

現代の日本は、骨粗鬆症《こつそしょうしょう》が多い国です。日本の土壌にはカルシウムが少ないので、水や野菜に含まれる量も少ないためといわれます。魚からカルシウムを摂っているとはいえ、どうしても不足しがちなのです。

こうした状況に対応して、牛乳を飲む習慣をつけるなど、カルシウムの摂取量を増やすことが健康常識になってしかるべきだと思います。何が国民病かによって健康常識も変わらなければなりません。欧米諸国のように「肉を減らせ、脂肪を摂りすぎるな」と呼びかけるのは、日本では適切ではないのです。

高齢者のがん治療は命を縮める危険性

がんに対する不安を感じない人は少数派でしょう。多くの人はがん検診で異常が見つかると「とうとう私も……」と暗い気持ちになりますが、高齢者にとってはありふれた病気だということもまた事実です。

年をとるということは、それだけ体の中に出来損ないの細胞を作ってしまうということです。つまり、がんと診断されなくても、高齢になれば誰でも体のどこかにがんを飼っていることになるのです。

40代、50代の現役世代なら、早期発見ができたら早期に治療するのは意味があると思います。まだ体力があるのですから、がんを取り除くことができれば仕事に復帰することも可能ですし、以前のように生活をすることもできます。事実、そういう例はたくさんあります。

一方で、高齢者ほどがんの進行は遅くなります。少なくとも40代で見つかるがんに比べれば、70代、80代で見つかるがんの進行が遅いのは事実です。

そしてここが一番大事なところですが、70代以上の人ががんで手術をすれば確実に体力が衰えます。

日本のがん手術の一番の問題は、がんだけ取ればいいものを、転移を怖れて取りすぎる点にあります。胃がんだったら胃のがん細胞だけを取ればいいのに、胃の3分の2を取ってしまう。あるいはその周りの消化器官まで取り除く。そうすると、ちょっと食べただけですぐお腹いっぱいになってしまいますので、栄養障害を伴います。がん手術の後、体力は衰弱し、一気にヨボヨボの老人になってしまうのです。

体全体の機能も衰えますから、他の病気にかかってしまうリスクも高くなるでしょう。病気としてのがんは治っても、やせ細って歩くのも難しい老人になってしまう可能性が高いのです。

がんを徹底的に撲滅《ぼくめつ》する！という発想の外科医たちの完全主義は、患者の手術後の生活を考慮しないという形で徹底されます。患者のＱＯＬ（生活の質）などおかまいなしに、臓器をげっそり取られてしまうのです。高齢者のがん手術は命を縮める危険性があるということを認識してください。

樹木希林さんが教えてくれたこと

２０１８年に75歳で亡くなった樹木希林《ききききりん》さんも、がんでした。

よく知られていますが、彼女は亡くなる直前まで映画に出ていましたし、テレビや雑誌のインタビューにも応じていました。日常生活もふだんのように続け、とくに不自由なく暮らしていた印象があります。

でもインタビュー記事や死後に出版された本人の「遺言」のような言葉を読んでみる

と、彼女なりに覚悟を決めてがんと向き合っていたことがよくわかります。

希林さんは、がんを肯定的に受け止めていました。「死ぬまでに準備ができるし、なんといっても畳《たたみ》の上で死ねる」というのがその理由でした。これは、全身に転移したがんであっても、急には死なないということです。

がん末期に容態が悪化して急に亡くなる人がいますが、それは本当に最末期で、そこに至るまでには数年から10年といった長い年月が流れています。また、末期がんとわかってもすぐに死ぬわけではありません。

したがって**「死ぬ準備」**ができます。しかも患者さんが望めば自宅に戻り、畳の上で死ぬことができるのです。「だからそんなに悪い病気じゃない」というのが希林さんらしい受け止め方でした。

もう一つ大事なのは、希林さんの場合、治療方法を選ぶにあたって、「生活の質を落とさない」ことを最優先にしたことです。「いつもどおりに暮らしたり、仕事を続けながら受けられる治療」を選んだのです。

がんの治療法はいろいろありますが、ここでは簡単に「手術」「抗がん剤」「放射線」

の3つを挙げておきます。

体に一番負担がかかるのは「手術」です。かなりの負担がかかります。

「抗がん剤」にもさまざまな副作用がありますし、かなりの負担がかかります。「放射線」はピンポイントにがん細胞に作用しますし、どちらかというと副作用は少ないのですが、転移や大きくなったがんには効果が限られます。

もちろんこういった説明ではまだ不十分ですが、医者と話し合い、自分の何を優先させたいかをはっきり伝えてそれを理解してくれる医者に治療を委《ゆだ》ねることはできます。

希林さんも、そうした点に関してはいろいろ調べて医者と会い、自分の希望を伝えたのだと思います。がんが体のあちこちに転移しても、年に1回、鹿児島の病院まで出かけて放射線治療を受けていたといいます。しかも1日たった10分の照射ですから、1カ月もかかったようです。

その代わり、「闘病しているという気持ちは全然なかった」と書き残しています。希林さんはそういう自分が選んだ治療法のおかげで、「生活の質がまったく落ちない」と満足しておられたとのことです。

70代からがんとつき合う

70代にもなると、がんを患《わずら》う人は増えてきます。がんとどう関わっていくかということは、この年代の大きなテーマでしょう。最も重要なポイントは、がんが見つかったときに、手術をするのかどうかです。

70代になってがんの手術をするか否かは、その後の人生に関する選択を意味します。ヨボヨボになってもいいから1年でも長く生きるか、数年早く死んでもいいから元気な状態を長く維持して生きるか。どちらを取るかの決断を迫られることになります。

これは生き方の問題ですから、どちらが正解ということもありません。それぞれが、自分の人生観に基づいてお決めになられたことが正解なのだと思います。

しかしながら、結論はさておき、70代になったら、実際にがんになってもならなくても、一度は「自分はこれからの晩年をどう生きたいのか」について考えておくことが、いざというときに慌てないために必要ではないか、と思うのです。

自分ががんであるとわかると、ほとんどの人はショックを受けると思います。でも「がんは老化に伴う細胞の出来損ない」とわかっていれば、あとはそれをどう扱うかという問題になります。簡単に言えば、①治療する、②そのまま飼い続けるの2択です。おそらく②と聞くと、「死ぬまで苦しみ続けるのか……」と首を振る人がいるでしょう。

でも、がんの進み方は一様ではありません。

よくあることですが、「なんだか調子が悪い」「痛みがある」といった程度の理由で病院に行ったらがんが見つかり、じつは末期だったという場合もあります。がんは一般的に、1センチくらいの大きさになるまで検査では発見されません。自覚症状もありませんから、そこで見つかればいわゆる早期発見です。

ただ、その1センチの大きさになるまで、最初にがん細胞ができてから10年くらいの年月が流れているのが一般的です。例外もありますが、たいていのがんはゆっくりと進んでいくのです。

では、たとえ1センチの大きさでも、早いうちに切ってしまったほうが安心なのかというと、そうとは限らないのががん治療の難しいところです。

がんも「ｗｉｔｈを生きる」の発想でいい

ここからは、あくまで「高齢者のがん」を長く見続けてきた私の考えになります。

先に記したように、年をとればとるだけ、体はがん細胞という出来損ないの細胞を作ってしまいます。そして、高齢になればみな、体のどこかにがんを飼いながらも平気で生きています。自分ががんであったことも知らないまま、別の理由で亡くなっている人がたくさんいます。

浴風会病院での経験では、3分の2の人がそうでした。

一般的に70代、80代のがんは、中高年のがんより進行が遅いですから、放っておいても、結果的に手術した場合と同じくらい生きられる可能性があります。

現在がんについては、早期発見、早期治療が有効という考え方が主流で、人間ドックや健康診断（健診）を多くの人がまじめに受けています。たしかに、中年の人が健診でがんを早期発見して、早期治療をすることには意味があると、私も思います。

しかし、70代ともなれば、ここまで述べてきたように早期発見、早期治療にはほとんど意味がありません。そのままがんが発見されなければ、通常、少なくとも4～5年くらいは自覚症状のない状態が続き、これまでの元気さが保てるのです。先に述べたように、がんもやはり「with を生きる」なのです。

高齢になってから、健康診断でがんが発見されたがために、手術を受けて一気に体が弱ってしまう人がいます。それをきっかけにほかの病気になったり、寝たきり状態になって寿命を縮めてしまうなどということもよくあります。

そう考えれば、がんが発見されず、まさに「知らぬが仏」で寿命まで過ごせるようにすることが、高齢者にとって「よい選択」だと考えます。

医療は引き算ではなく、足し算で考える

私個人は、ある程度の年齢になったら、がん検診のみならず、そもそも健康診断を受

けることは必要ないと考えています。これは方々《ほうぼう》で主張していることですから、ご存じの読者の方もいるかもしれません。

日本では、企業が従業員に健康診断を受けさせなければならない決まりがあり（労働安全衛生法）、ほとんどの人が健康診断を受けています。

70歳以上の方の多くは、その法律にのっとって健康診断を受けた初期の世代でしょう。その世代の方々は、健康診断の結果を非常に強く意識する傾向にあるようです。人によっては、乱れた食生活や生活習慣など改善すべき点もあるでしょう。とはいえ一般には、異常値が出たからといって、あせって医者に言われるがまま生活を変えなければいけないというものではありません。

私は医師として、30年以上にわたって高齢者を専門に患者さんを診てきました。その経験から言うと、健康診断を受けたからといって寿命が延びるとは思えないのです。むしろ、高齢になるほど、生活の質を維持するためには健康診断など受けないほうがよいとさえ考えています。

実際に健康診断に寿命を延ばす効果があるのだとしたら、なぜ、現在の日本の高齢女性は男性に比べて平均寿命が長いのでしょうか。もし、健康診断が本当に効果のあるものなら、現役時代はサラリーマンや公務員が多く、健康診断を受けていたはずの男性たちの寿命のほうが、専業主婦やパートで健康診断を受けない女性たちより延びてもいいものですが、実際の統計はそのようにはなっていません。不思議ですよね。

現在80代、90代でお元気な女性に聞いてみると、中には、生まれてこのかた健康診断を受けたことがない、とおっしゃる人もいます。「健康診断を受ければ長生きできる」などということは、ある意味〝思い込み〟にすぎないのです。

健康診断で異常値が出ると、医者は「○○を控えましょう」と指導します。つまり現在の生活を変えて、過剰だと思われるものを「引く」ことを求めるわけです。でも私は、ある程度の年齢になった人は、引いてはいけないと考えています。**年を重ねても若々しく健康的に生きるためには、不足しているものを「足す」ことこそ大切**です。

日本では不思議なことに、塩分にしても血糖値にしてもコレステロールにしても、健康診断で基準値オーバーを指摘されることはあっても、あるいはさまざまな栄養素にしてもそうなのですが、「足りないことの害」について語られることは稀《まれ》です。

でも、私が高齢者を専門として患者さんを診てきた経験では、年をとれば、足りないより余っているくらいのほうがよい。年をとればとるほど、いうなれば「引き算医療」よりも「足し算医療」が賢明になるのです。これもまた、マインドリセットの一つといえるでしょう。

高齢者が考えるべきは、検査データが正常値かわずかな異常値かの違いより、体に不足している栄養をしっかり摂ることです。そして、細胞の炎症を防ぎ、体の酸化を防ぐ。体の機能が正しく働けば、実現可能なことです。

検査で抜けている視点「どこで治療を受けるか」

健康診断や脳ドック、心臓ドックなどの検査を受けて、異常値が見つかったときに、どこで治療を受けるか。これは重要な問題です。事前に調べ、考えておいたほうがいいでしょう。

多くの方は、どこの病院であっても最善の治療を受けられるはずだと考えているかもしれませんが、それはまったく正しくありません。医者や病院によって、大きく治療方針が異なります。

日本の医療界では、「科学的データよりも権威権力のある人の意見が優先」という悪しき因習が、いまだにまかり通っています。

また完璧主義を標榜《ひょうぼう》するため、とにかく死なないことを最優先します。治療後の患者のQOLに思いを馳《は》せることもありません。

コロナ禍《か》における感染症専門家の提言にも、「死ななきゃいい」主義が反映されていました。感染を抑えることを最優先するため、過剰なまでに外出自粛を求めました。しかし、外出を自粛した多くの高齢者は、新型コロナウイルスの感染は免れたとしても、筋力低下を引き起こしたり、孤独感からうつ病になったりと、たいへんな健康被害に苦しんでいます。

先にがんの手術の項目で記しましたが、切らなくてもよい部位や臓器を切ってしまい、結果として手術後にヨボヨボになってしまうこともあるのです。

「転移が怖いから、たとえ手術後のQOLが低くてもかまわないので、すべて切除してほしい」という方もいるでしょうし、「残りの人生を楽しく過ごすためにも、体に与える影響は最小限にしてほしい」という方もいるでしょう。どちらを選ぶにしても、患者の意思を尊重する医者についたり、病院を選んで治療を受ける必要があります。

もし後者を希望する場合、最小限の切除をする医者はあまり多くはないので、きちんと調べておくことをおすすめします。

手術を伴うような治療が必要になったとき、大学病院で治療を受けたがる方が非常に多いようです。でも私は、高齢者にとって大学病院はあまりふさわしいとは思いません。大学病院は専門分化が極度に進んでいるうえ、高齢者向けのスペシャリストという医者が多くいるわけではありません。

大学の名前で決めるというのもありがちですが、その前に正しい情報を収集する必要があります。

たとえば「天皇（現・上皇）陛下の執刀医」として知られる順天堂大学の天野《あまの》篤《あつし》先生に、どうしても心臓の手術をしてほしいと考えたとしましょう。天野先生は、2012年に東京大学医学部附属病院で陛下の狭心症冠動脈のバイパス手術を執刀した心臓血管外科医です。

天野先生に心臓の手術をしてほしくて、東大病院に行く人も中にはいるかもしれません。しかし、陛下の手術を脇で見ていただけの医者に執刀される可能性が高いでしょう。天野先生に診てもらいたいなら、順天堂医院に行かないといけません。

自分がどういう治療を受け、治療後にどのような暮らしを送りたいのか。それを考えたうえで、どの病院ならその希望がかなうかを考えるのも大切なことです。

患者は医者を選んでいい

80代、90代の高齢者が入所している施設で、どうもフラフラしたりボーッとしたりしている利用者が多いと気がついたある医者が、そうした方々がふだん飲んでいる薬を調べてみたことがあります。

どの利用者も呆《あき》れるほどの量の薬を、毎日服用していることがわかりました。薬だけでお腹が一杯になりそうなくらいです。

しかもこの医者から見て、止めたからといってすぐにどうこうなるような薬ではなく、ただ血圧や血糖値の数値を下げるために飲まされている薬や、「眠れない」というので出している安定剤がほとんどだったといいます。

「こんなの全部、止めてしまいましょう」

医者はそう指示しました。90代の高齢者に正常な数値を求めるより、まず元気になってもらうことのほうが大事だと考えたからです。

その結果、薬を止めた高齢者はみな、すっかりシャンとして元気に過ごせるようになったそうです。「こんなにスッキリした気分になるのは久しぶりです」と喜ばれたという話でした。

そんなバカな話はあるか、と思った人は多いと思います。しかし、医療の世界では、とくに珍しいケースではないのです。

実際、血圧や血糖値を下げる薬によって低血圧、低血糖を起こして足元がフラフラすることがあります。

ただでさえ運動機能や筋力が衰えている高齢者の場合は、薬によってさらに足元が覚《おぼ》束《つか》なくなったり、意識がボーッとしてくるのは危険なことです。寝てさえいれば安全かもしれませんが、それではますます体が衰えます。

こういったことは、80代、90代に限った話ではありません。

健康診断の結果、数値の異常（国が定めた正常値からはみ出す数値）があれば、とにかく薬によって正常に戻そうとするのが、ほとんどの医者です。治療よりもまず「とにかく数値を下げましょう」という話になります。

何かの病気を治したり予防したりするために薬を飲むのならわかりますが、数値原理主義に陥《おちい》って、数値を下げるためにだけ薬を飲む毎日が始まってしまうのです。

明らかに薬を服用することで体調が悪くなったら、まず薬を止めることが先決です。医者に対してはっきりと「この薬を飲むとボーッとしてくる」「集中力がなくなる」「フラフラする」といった症状を告げてください。

何の治療にもなっていないどころか、服用前にはなかった不調が生まれているのですから、まず薬を止めることが大切です。もし患者からの申し出に耳を貸さずに薬を処方し続けるような医者がいたとしたら、その医者は患者の健康よりも薬を出すことを優先しているに過ぎません。

そのような医者に引き続き治療を任せる必要は一切ありません。**患者は医者を選んでいい**——これは医者とつき合ううえでの大原則です。ぜひマインドリセットしてください。

医学はまだまだ発展途上の学問

70代になったら、長生きできる確証のない薬を律儀《りちぎ》に飲む必要はないし、医者にすすめられるがまま、がんの手術を受ける必要もないし、健診も無意味だから受けなくていい、と述べてきました。

読者のみなさんの中には、かなり突飛《とっぴ》な意見と思われた方もいるでしょう。たしかに、ほとんどの医者はそのようなことは言いません。

しかし、じつは、血圧、血糖値、コレステロール値などを抑えることが長寿につながるというような、日本人を対象にした大規模な統計調査のデータはないのです。ですから、健診で出てきた数値のほとんどが、病気とのはっきりした因果関係があるとはいえないものばかりなのです。

このように、現在流布《るふ》している医学常識であっても、明確なデータに乏《とぼ》しいものが意外に多いのです。このようなものを、言われるがままに信じていいのでしょうか。

医者についても、とくに大学病院では、特定の臓器のことしか知らない人や、研究室に閉じこもっているだけで高齢者を診てきた経験の乏しい人がむしろ多数派です。にもかかわらず、日本の医療界ではそうした人たちが大きな影響力を持っていて、現在の医療を作っているといえるのです。

そのような医者を妄信《もうしん》することは、私は「愚かなこと」だと思っています。しかし、いまだに「大学病院の教授」という肩書をありがたがって信奉する患者さんが多いこともまた事実です。そうした患者さんを否定する気はまったくありませんし、究極のところでは、自分の信じたい医者、信じたい医療を選択すればいいと私は思います。

私の言うことに従えば長生きできる、という保証はありませんが、彼らが言う長寿のための方法論についてもエビデンスがないということでは同じです。私は、長年にわたり数多くの高齢者を診てきた経験則から、健康法を述べています。どちらもエビデンスがないのであれば、私の言っていることのほうが、研究室で動物実験ばかりしている医学部の教授より、多少なりとも臨床疫学に近いことは確かです。

また、医学という学問が、発展途上であることも忘れてはいけません。

現時点でわかっているだけの「中途半端なもの」だと承知して信用するのも一つの方法ですが、どうせあてにならないなら、「苦しいことよりも楽なほうを優先する」とマインドリセットするのもありでしょう。つまり、がまんをしても長生きできる確証がないのなら、いまの生活において快適さを優先するという視点がもう少しあってもいいのではないか。私はそう考えています。

70歳からは「意欲」が最も大事：男性ホルモンと女性ホルモン

20代、30代の人がスキーで転倒して足を骨折し、病院のベッドで1カ月寝たきりの生活をしたとしても、退院すればまもなく普通に歩くことができるようになります。でも

70代ともなれば、そうはいきません。たとえば、その後寝たきりの生活が続くことにでもなれば、筋力は低下し、骨折が治ったあとも「立つ」「歩く」といった日常生活に必要な動作に支障を来《きた》すようになり、介護が必要になるリスクが高くなってしまいます。

このように、**「ロコモ（ロコモティブシンドローム＝運動器症候群の略称）」が目立ってくるのも70代から**です。

70代というのは、体を動かしたり、頭を使ったりしないといけません。しかしその一方で、多くの人は70歳前後で仕事からリタイアします。仕事をやめてしまうと、これといって体を動かしたり、頭を使ったりする理由がなくなってしまいます。

つまり、この時期からは、本人が意図的に脳を使おう、体を動かそうと習慣化しないといけないのです。そうしないと脳機能も運動機能も使い続けることはできず、あっという間に要介護になってしまうリスクがあります。

このようなことは多くの高齢者自身がわかっていることではありますが、実際に「使い続ける」ことを実践できる人はそう多くありません。

なぜなら頭では理解していても、70代になってくると「意欲の低下」が進み、活動レベルが低下してくるからです。そしてじつは、この**「意欲の低下」こそ、老化で一番怖いこと**なのです。どんなに脳機能を使おう、体を動かそうと思っても、意欲がついてこないから、何ごとにもやる気が湧かず、興味が持てなくなります。そのため人に会うのもおっくうになり、出不精になる傾向も出てきます。

こういった「意欲の低下」が顕著になってくるのが、70代といえます。

「意欲の低下」は、脳の前頭葉の老化と、男性ホルモンの減少が主な原因となって引き起こされます。

前頭葉の萎縮《いしゅく》については、前述のとおり、じつは40代からすでに始まっていて、それが70代ともなると本格化してきます。それに加えて男性の場合は、男性ホルモンの減少がより進んできます。男性ホルモンは性機能だけでなく、他者への関心や意欲にも関わっているのです。

この二つの要素が若い時代のように維持できていると、日常の活動レベルを保つことができ、老化を遅らせて、若々しくいることができます。

女性の場合は、閉経後は男性ホルモンが増加するので元気になる人が多いのですが、その一方で女性ホルモンが減りますから、それに伴う問題がないわけではありません。女性ホルモンが減ることで肌つやが悪くなるほか、骨粗鬆症の原因にもなることがわかっています。

骨粗鬆症を防ぐには、適度な運動をし、日光によく当たる、ビタミンDが多く含まれている食品を摂るなど、ごく常識的なことをする心掛けが大事になります。

性ホルモンは性別を問わず、ホルモン補充療法で外部から補うことが可能です。欧米では、性ホルモンが減少するとホルモン補充療法を受けるのが一般的になっています。しかし日本ではどういうわけか、それが「反則ワザ」のようにみられる傾向があり、なかなか普及しません。

私は日本人も、男性、女性を問わず、ホルモン補充療法をもっと利用したほうがよいと思います。最近、どうも「意欲の低下」が感じられるという方は、試してみてはどうでしょうか。

私自身も、男性ホルモンの補充を受けています。私の周りにも、これを受けると調子がいいという人が多くいます。

70代の時期に脳機能も身体機能も意識して使い続けていれば、80代、90代になって要介護になる時期を遅らせることができます。そのためにも70代で「意欲の低下」を避けることを、真剣に考えるべきでしょう。

肉を食べる習慣が「老い」を遠ざける

「意欲の低下」を防ぐためにできる手軽な方法としておすすめしたいのは、**「肉を食べる」**という方法です。

高齢になると、肉を控えた野菜中心の食事が体にいいと考える人も多く、現役時代と比べ、かなりあっさりとした食事を毎日摂るようになるようです。しかしそれは間違いです。粗食がいいと信じる高齢者が多いためか、じつは**70歳以上の日本人の5人に1人が、タンパク質不足**だといわれています。

日本人の食生活が欧米化してきたといわれますが、それでも一日当たり100gほどしか肉を食べていません。一方、アメリカ人は300gほど食べています。アメリカ人ほど食べろとは言いませんが、まだまだ日本人は肉が不足しているのです。そしてその傾向は、高齢者ほど強くなります。

年をとると意欲レベルが低下してくる理由はいくつかありますが、その一つが、脳内の神経伝達物質であるセロトニンの減少です。セロトニンは別名「幸せホルモン」ともいわれ、人に幸福感をもたらすものです。何気ない瞬間に「ああ、幸せだなあ」と感じることがありますが、そのような感情をもたらす物質です。

このセロトニンは年齢とともに次第に減少していくので、高齢になればなるほど意欲も低下し、うつ病になる人も増えるのです。

しかし、高齢化によるセロトニンの減少には、生活習慣を改善することで対抗することができます。

その最たるものが、肉を食べることです。セロトニンの材料となるのはトリプトファンというアミノ酸ですが、それが多く含まれているのが肉なのです。肉を積極的に摂ることで、セロトニンの生成が促進され、意欲低下の抑止に働きます。

また肉には、男性ホルモンの原料になるコレステロールもたくさん含まれています。

つまり、肉を食べてトリプトファンとコレステロールをたくさん摂ることは、セロトニンと男性ホルモンの生成を促進し、人の「意欲」を高めます。活動レベルを維持するのにたいへん効果的なのです。

コレステロールは動脈硬化を促進し、心筋梗塞《しんきんこうそく》のリスクになるという理由で悪者としてみられていますが、日本の高齢者にとっては必ずしも忌避《きひ》すべきものではありません。

心疾患《しんしっかん》が死因のトップであるアメリカであれば、コレステロールが悪者とみなされるのもわかります。しかし、日本では心筋梗塞の12倍もの人ががんで亡くなるという疾病構造の違いがあり、心疾患で亡くなる人はOECD諸国の中でも格段に少ないのです。動脈硬化を気にするより、コレステロールを減らすことによってもたらされる男性ホルモンの減少を恐れるべきです。

肉が嫌いであったり、体調の問題で食べられないのならば無理をすることはありませんが、健康のために節制のつもりで肉食を遠ざけているのであれば、そのようなことは今日からやめることをおすすめします。日本の高齢者の食事を見ていると、自ら進んで「しょぼくれ老人」になろうとしているように、私には思えて仕方ありません。

80歳のときに3度目のエベレスト登頂に成功した冒険家の三浦雄一郎《みうらゆういちろう》さんは、80歳を過ぎても500gのステーキを平らげていたそうです。特殊な例ではありますが、高齢になってもアスリートとしての能力を維持できている理由の一つに、肉を食べる習慣があるのだと私は思います。

元気に長生きしたければ、ダイエットはおやめなさい

年を重ねると代謝が下がり、体が重くなりがちです。若いころに比べて、体重が増え、日々ダイエットに余念がないという人も少なくないでしょう。でも、それはいわゆる中高年までで十分。極端に太っている人を除けば、**高齢者はダイエットをする必要などありません**。むしろ健康を損ねます。

なぜ、みんなダイエットに励むのでしょうか。

その要因の一つは、数十年前から盛んにいわれるようになった「メタボを避けろ」というスローガンにあります。「メタボ」とは、メタボリック・シンドロームの略で、内

臓脂肪の蓄積によって、肥満症や高血圧、糖尿病などの病気を引き起こしやすくなることを意味します。２００８年からは、メタボかどうかを診断する特定健康診査や特定保健指導がスタートしました。

しかし日本のメタボ対策は、高齢者医療の現場をまったく知らない学者や官僚たちが主導した〝誤った施策〟にすぎないのです。まじめにメタボ指導に従ってやせてしまうと、逆に寿命を縮める結果を招いてしまうことを、統計データが示しています。

かつて宮城県で5万人を対象に大規模調査が行われ、その結果、やせ型の人のほうが、やや太目の人よりも6～8年早く死ぬことが明らかになっています。一方で、少々ふっくらとしたタイプの人が、最も長生きをしているということがわかりました。

この調査結果は、私たちの実感とも一致しているのではないでしょうか。身の回りの元気な70代、80代の人は、やせ型というよりは、ふくよかなタイプが多いと思います。私も長年、高齢者を診てきましたが、やはり高齢になっても元気な人は、ふっくらとした人なのです。そういう人のほうが肌つやもよく、活動的です。

逆にやせている人はしわなどが目立ちます。また、少しやつれた印象を受けます。というのも、栄養が足りないからです。

無理にダイエットに励むことで、サルコペニアやフレイルのリスクも高まってしまいますから、健康にはマイナスなのです。

「日本人に適した健康法」がある

なぜ学者や官僚たちは誤った指導をするのでしょう。答えは簡単です。彼らはアメリカに対して「右に倣《なら》え」をしているだけなのです。

先に記したように、アメリカと日本では死因が大きく異なります。にもかかわらず、死因のトップが虚血性心疾患というアメリカの医学常識を、そのまま日本の施策としているのです。

学者や官僚と違い、現場を知っている医師からは、高齢者がダイエットをする危険性について警鐘を鳴らす声が上がっています。たとえば東京都医師会はホームページで、『『メタボ対策』からフレイル予防へ』というタイトルのもとに、こう訴えています。

「高齢期のＢＭＩ（体重と身長の関係から人の肥満度を示す自分の体格の指標）は、中年期以前とは異なり、少し高めの方が、栄養状態や総死亡率の統計からみてもちょうど良いことが分かってきました。『メタボ対策』から、しっかり食べて栄養状態を保つ『フレイル予防』に考え直してみましょう」

70代になったら、栄養の不足のほうに気をつけて、摂りすぎについては過敏になる必要はありません。

単に栄養価の問題だけではありません。食べたいものを食べることで、ストレスが軽減されます。幸せホルモンが分泌されます。つまり免疫機能が上がるのです。病気のために食事制限をせざるをえない場合は別として、少なくとも70代になったら、ダイエットなどしてはいけません。

70歳からはたばこをやめる必要はない

やめたい人が一定数いるのに、なかなかやめられない二大嗜好品といえば、たばことアルコールです。年を重ねると、健康のために嗜好品をあきらめる道を選ぶという話を聞きます。たばこやアルコールはその最たるものですが、私は基本的に「70代以降の人はたばこをやめる必要はない」と考えています。

たばこには、がん以外に二つの大きなリスクがあります。

一つは動脈硬化です。喫煙者は非喫煙者に比べると、明らかに心筋梗塞や脳梗塞になりやすい傾向があります。

もう一つのリスクは、肺気腫です。これは、酸素と二酸化炭素を交換する肺胞という機能が破壊される病気です。肺気腫になると呼吸が非常に苦しくなるので、重度のたばこ好きの人でも禁煙するようになるケースが多々あります。

70代未満の人であれば、たばこをやめたほうが人生におけるその後のQOLが上がるので、「本当はやめたほうがいいのです」とアドバイスしたいと思います。ただし、相手が70代以上であれば、話は別です。

前述のとおり、過去に浴風会の老人ホームで、喫煙者と非喫煙者の生存曲線を調べたところ、65歳を越えると生存率はほぼ変わらないことが明らかになりました。

なぜこんな現象が起こるのかというと、喫煙によってがんや心筋梗塞になる人は、老人ホームに入る前にすでに亡くなっている可能性が高いからです。ホームに入る時点で何十年もたばこを吸ってきているのに肺がんにも心筋梗塞にもなっていない人は、たばこに強い何らかの因子を持っている可能性が高いのです。

ならば、いまさら節制するより、自身の体の強さを信じ、他人に迷惑をかけない程度に喫煙したほうが、その人自身の人生を楽しく全うできるのではないかと思います。

そのほかにも、たばこを吸うメリットはあります。喫煙者にとっては精神安定効果も高いし、喫煙者同士で強い連帯感が生まれているという側面もあります。

私はたばこを吸いませんが、昨今の喫煙者への風当たりは明らかに強すぎると感じます。差別といってもいいほどです。そのようにある種の〝迫害〟を受けている人たちが、喫煙所で日々、連帯感を高め、コミュニケーションを取っています。高齢になってからこそ、このメリットは大切にしたいと考えます。

健康は気になるけれども、たばこはどうしても吸いたいという人は、最近では電子たばこやシーシャ（水たばこ）といった新しい喫煙習慣を選ぶこともできます。その中には、ニコチン・タールが含まれないフレーバーのみを楽しむものや、ビタミンを摂取できるものもあります。過度な期待はできませんが、健康被害のリスクを限りなく抑えたうえで、喫煙習慣を続けることもできるでしょう。

繰り返しになりますが、がまんしすぎない生き方をしたほうが、心身の健康度は高まりますし、幸福感も向上して、結果として長生きできるのです。

70歳からのアルコール

嗜好品をたしなむ人々の間にある種の連帯感が生まれるのは、アルコールも同様です。そこにはカルチャーがあり、コミュニケーションが存在します。ですから私は、アルコールも基本的にやめる必要はないと考えています。人とのつながりが薄れていく70代以降、つながりを保てる娯楽をみすみす手放す必要はありません。

もちろんアルコールは、たばこに含まれるニコチン同様に依存性があり、やめたくてもなかなかやめられません。そして量も増えやすく、肝機能の障害を引き起こす原因になるほか、深刻なアルコール依存症に陥るリスクもあります。ですから、たばこもお酒も適量の範囲で楽しむのがよいでしょう。

医学的におすすめできる「お酒の飲み方」をお伝えします。

お酒は、なるべくGI値（グリセミック・インデックス）の低いものを選ぶのがコツです。GI値とは、食後血糖値の上昇度を示す指標で、この指数が高いほど、体の老化の大きな原因である「糖化」が高まります。

糖化というのは体の「焦《こ》げ」ともいわれ、動脈硬化や肌質に影響があるなど、いわゆる身体的な「老化」に直結するものです。パンをトーストすると焦げ茶色になりますが、あれはパンが糖化しているからです。人体でも同じ現象が起こっており、糖化が進むほど体内の老化は進んでいきます。

お酒についても、体を糖化させる度合いが低いものを選んだほうが老化防止になります。アルコールの中で、体を糖化させるGI値が低いのはワインで、一番高いのはビール。私も日ごろから自宅ではワインを飲み、ビールを飲むことはなくなりました。ワインがないお店では、焼酎やウイスキーのような蒸留酒を飲むことをおすすめします。

また、人間の体の老化には、「酸化」という現象も大きく関わっています。人が生きるうえでは、呼吸して酸素を取り入れることが不可欠です。少し専門的な話になりますが、酸素が体内で別の分子と結びつくことで、活性酸素を発生させます。活性酸素は体になくてはならないのですが、過剰に増えると細胞を傷つけ老化を促進します。

この活性酸素を抑えるために「抗酸化」という働きが体に起こりますが、年齢とともに抗酸化作用は弱まっていきます。そのため老化を抑えるには、抗酸化作用のある食べ物を積極的に摂取することが効果的です。ワインには抗酸化作用のあるポリフェノールが含まれているため、体の酸化を防ぎ、老化を抑えるうえでも優秀です。

孤独な「一人酒」だけはやめよう

お酒はやめなくてもよいとお伝えしましたが、飲み方に関して、一つだけ気をつけたいことがあります。それは孤独感を募らせるようなかたちでの一人酒の機会をなるべく抑えてほしい、ということです。

一人で優雅な時間を過ごす一人酒と、孤独におぼれて酒にすがるような一人酒はまったく異なるものです。

たとえば、昭和を代表する大スター・美空《みそら》ひばりさんは晩年、「一人酒」を毎晩の日課にしていたといわれています。彼女はまさに「悲しい酒」を地でいく私生活でした。

誰かと飲むぶんには、酒の量が多少増えてもかまいません。仲間と騒ぐとか愚痴《ぐち》をこぼすといった「楽しい酒」である場合は、さほど問題を感じません。

問題は、孤独な一人酒です。一人酒が多い人ほど、うつ傾向やアルコール依存症の傾向が強いのです。「一人で毎日飲まないと眠れない」という理由から大量にお酒を飲むのであれば、お酒に頼るのではなく、病院にかかって眠るための適切な投薬を受けることをおすすめします。

健康や医療に対するマインドリセットのコツは、**70歳からは「楽しい」か「楽しくない」かで考える**ことです。こうした一人酒は、ワクワクしたり感情が高ぶることがほとんど考えられない「よくない習慣」です。

マインドリセット

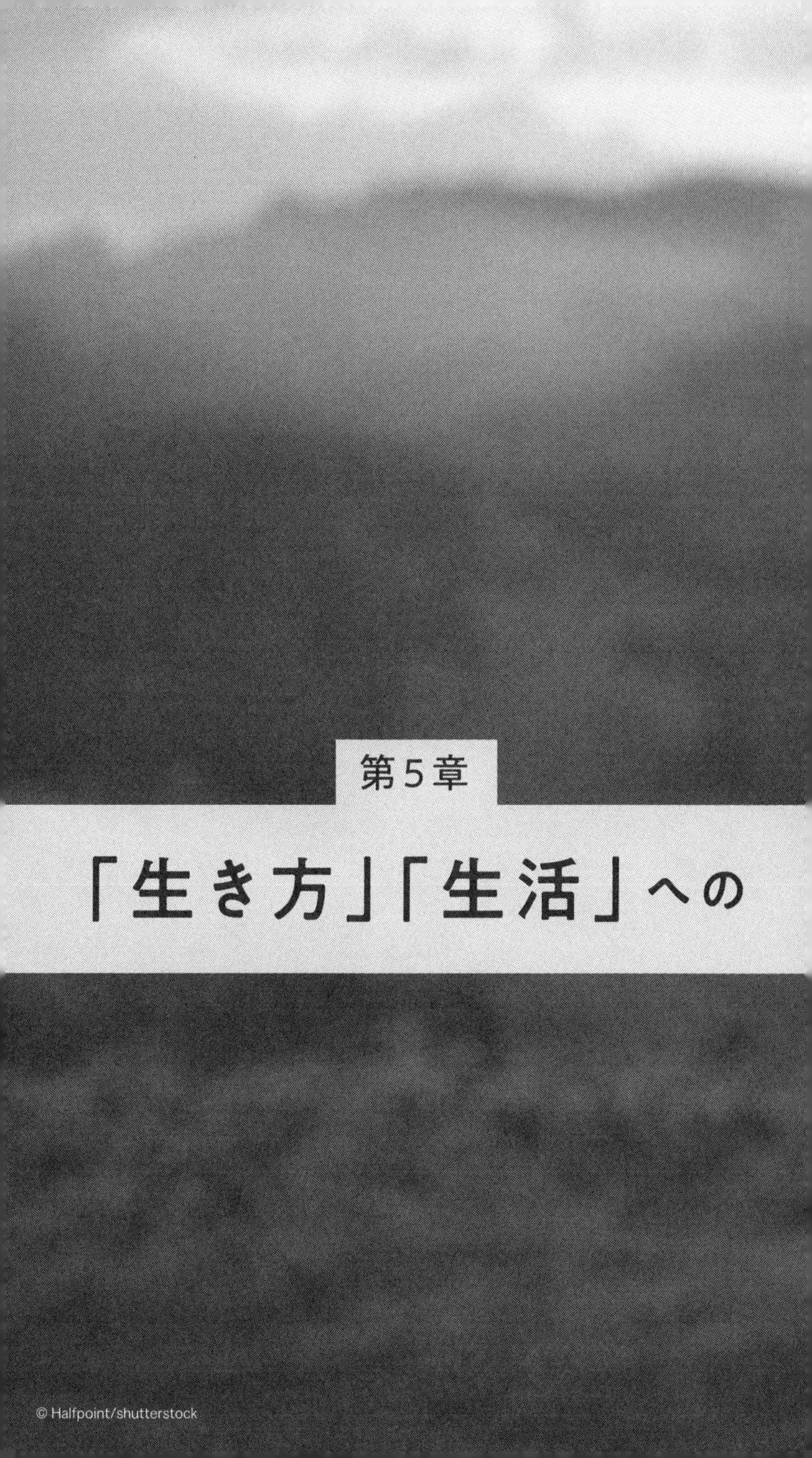

第5章

「生き方」「生活」への

年を重ねたら人生観もマインドリセット

人生観であるとか、座右《ざゆう》の銘《めい》といった言葉があります。そうした自分にとって「軸」となる考え方も、年齢とともにマインドリセットすべきです。そういうものを、若いころのままから変えないとけっこう不自由だよ、ということを申し上げたいと思います。

たとえば、「働かざる者食うべからず」という考え方を、自分の人生観において大事なものと位置づけていた人がいるとします。ところが、年をとれば誰しもだんだん働けなくなっていくわけです。すると、「働かずに年金で安穏《あんのん》に生活していていいのか」とか、「年金をちゃんと納めていなかったのだから、暮らしが苦しくても生活保護を受けるなんてもってのほかだ」などと思ってしまいがち。

そうは言っても、いざ高齢者になると、働き口は限られてくるわけです。そのとき、考え方が若いころのまま変えられずにいると、どんどん追い込まれ、精神的に苦しくなるばかりです。

これは豆知識ですが、「働かざる者食うべからず」という言葉を、一般に知られている新約聖書とは違う意味で使った人がいます。それは、じつはレーニンなんですね。ロシアの革命家で、ソビエト連邦を樹立した人です。

レーニンにとっての「働かざる者」とは、土地を所有する裕福な地主たちのこと。自分は働かずに小作人を働かせて、不労所得で贅沢《ぜいたく》な暮らしをしている。そういうやつを倒そうぜ、というのが、レーニンの「働かざる者食うべからず」の意味で、一般庶民のことを指して使われた言葉ではないのです。

誰もが老いればヨボヨボしてきますが、介護施設に入る、デイサービスに行く、人に頼って生きるといったことに拒否反応を示す人がいます。そういう価値観のもと、自立自尊で現役時代に立派に生きてきた方々だと思います。

でも、年をとればとるほど、望むと望まざるとにかかわらず、脳も体も弱っていくわけです。徐々に周囲に助けを求めながら生きていくようになるのが「当たり前」なのです。マインドリセットできずに、若いときの考えのままで、「そういうことは格好悪い」とか、「ダメな人間のやることだ」などと思ってしまうと、自分自身が苦しむことになるだけです。

「かくあるべし思考」は手放そう

精神医学の世界では、そうした考え方を**「かくあるべし思考」**と呼んでいます。男たるものこうでなければいけない、人に頼ってはいけない、与えられた仕事は残業してでもちゃんとやらないといけない……そうしたさまざまな**「かくあるべし」は、年をとったらスパッと手放してしまいましょう。**

年をとると、「かくあるべし」のとおりには、とてもとても生きられません。ところが、人に頼って生きる自分、寝たきり状態になった自分、ちょっと呆《ぼ》けた自分を、「ダメなやつ」「生きている価値がない」などと決めつける思考回路のままでいると、結局は自分で自分を縛《しば》りつけて、うつ病などになりやすくなるだけです。

素直に人に頼っていい、これまでたくさん税金を払ってきたのだから社会から返してもらって当たり前——そんなふうにマインドリセットできるか否かは、残りの人生をよい意味で気楽に生きていけるようになるためのポイントです。

60代、70代を迎えるころには、「自分の人生観はちょっと厳しくないか」「若いころはそう思っていたけれど、さすがに年をとったら無理だよね」と、自己チェックしてマインドを切り替えていきましょう。

「君子は豹変《ひょうへん》す」という言葉もあるくらいです。前提が変われば、考え方が変わることは少しもおかしいことではありません。人に頼りながら上手に生きるほうが、意地を張って人に頼らず、ほとんど家の外にも出ないで鬱々《うつうつ》と暮らす老後よりよほどいい。

もちろん、頼ることでたくさんの人と触れ合い、外出して多くの刺激を受けることは、そのまま老化予防にもつながります。人生観のマインドリセットは、心も体も幸齢者へ近づく大事なものとして、ぜひ意識していただきたいと思います。

「できること」は立派な取り柄

人間、70代にもなれば、以前ならできていたことが次第にできなくなっていきます。そのことを思い知らされるような体験をすると、つい腹立たしくなったり、悲しい気持ちになる。それは当然のことかもしれません。

とはいえじつは、70代でも、かなりのことがまだできるのです。ですから「できないこと」はもはやできなくなったのだ、と受け入れつつ、まだ残っている「できること」、つまり残存機能を今後も維持したり、いまの自分に何ができるのかについて、じっくりと見つめ直したりする――。

これが、「幸齢者」を目指した賢明な生き方だと思います。

パラリンピックは、障碍者に残された機能をいかにフル活用できるかを競う大会です。高齢者には、この「パラリンピック的発想」が必要です。

「できること」を現在の自分の取り柄として目を向ける姿勢が、自分を助けることになるはずです。なにも〝ずば抜けた才能〟である必要はありません。若い人から見れば傑出した能力とはいえないようなことでも、**この年代以降の人にとっては、「できる」ことそれ自体が立派な取り柄**になるのです。

40代のころは、周りの人と同じスピードで歩けることに喜びを感じることはまずないでしょう。しかし70代になって40代の人と同じ速度で歩くことができれば、それはとても素晴らしい残存機能ではありませんか。

毎日のごはんを料理して、たまにお客さんに自分が漬けた漬物を出すことができる。一人で買い物に行くことができる。誰とでも分け隔てなく話をすることができる。素直に人を頼ることができる……。そうした、ごく〝ささやかなこと〟ができるだけで、人生の支えになります。

裏を返せば、そうした〝ささやかなこと〟に幸せを感じられるようになる。それこそが、年をとることのよさでもあると思います。

時流や他人に合わせる必要はまったくない

〝ささやかなこと〟に幸せを感じられるようにしたいと言いつつも、だからといって必要以上に丸くならないようにしてほしいものです。

「もう70を過ぎたんだから、若い人に合わせなくちゃ」「世の中のトレンドなんだから、受け入れなくちゃ」などと、**ものわかりのいい高齢者を装う必要はありません。**

むしろ少しぐらい頑固でもいいから、自分が長く生きて考えてきたことや、経験を通じて培《つちか》ってきたものを伝えるぐらいの気持ちになったほうが、高齢になっても自然な生き方ができる気がします。

たとえば50代、60代の現役のころは、若い世代に自分の経験を話しても冷淡な反応しか返ってこなかったかもしれません。「そんな昔話は聞きたくない」「いまはもう、そういう時代じゃない」……といった反感も察してきました。それがわかっているから、「年寄りの昔話は嫌われる」と、ついつい思い込んでしまいます。

現役を退いた70代が何か言ったところで、相手にされない可能性はたしかにあります。「そんな考え、もう古いですよ」「いまの世の中には通用しませんよ」と否定されるかもしれません。

でも私は、どんなに高齢の方であっても、その人がポッンと漏《も》らしたひと言に「なるほどなあ」「そのとおりかもしれないなあ」と感服することがよくありました。言われたときはすぐにピンとこなくても、自分自身が年を重ねることで、「そういう意味だったのか」と頷《うなず》いてしまうこともありました。

ですから、自分が「こうあるべきだ」と思うことを主張し続けていいのです。それが正しいかどうか、誰にも判断できないことがいくらでもあるのです。

高齢になってくると、何かふと考えが頭に浮かんだときでも、相手の意見に反論したくなったときでも、何も言わずに黙り込むことが多くなります。自分の考えを「もう古いのかな」「偏屈に思われるかな」と封じ込めてしまうことがあります。

でも、相手や周囲の意見が正しいというわけではありません。いろいろある考えの中の一つでしかないのです。

まして政治や経済、人生観の問題に、「ただ一つの正しい答え」などあるはずがありません。答えはいくつもありますし、時代が変わればまた違う答えが出てくるでしょう。

どんな分野の常識でも、数年もしないうちに覆《くつがえ》されたり、まったく新しい考え方が出てくるというのは珍しいことではありません。

つまり、唯一絶対の正義が存在しない以上、自分の考えや答えも一つの見方として言葉にしていいはずです。少なくとも、相手や周囲に合わせる必要はありません。長く生きてきて自然に備わった考えを、そのまま表に出す。自分自身に筋《すじ》を通すとは、そういうことではないでしょうか。

じつは私は、そのことに10年くらい前に気がつきました。

それまでは、勉強するのは「答えを出すため」だと思っていました。学びたいこと、知りたいこと、わからないことを勉強するのは答えを求めることだと思っていました。

ところがだんだん、「どんなものにもただ一つの答えはない」と考えるようになりました。医学常識だって変わっていきます。つまり、どれが正しい答えなのかは半永久的にわからないままなのです。むしろ、答えや選択肢を複数同時に持っていられること、それが本当の賢さだと思うようになりました。

70代からの「勉強」とは

そうだとすれば、人生勉強とは、さまざまな可能性を求める行為になってきます。

「こういう可能性もある」「そうはならない可能性もある」と考えながらいくつもの答えを探していく、それが本当の勉強なのではないかと思うようになりました。

自分がいま「確かだ」と持っている答えも、本当は正しくないかもしれません。

世の中にはときどき、一方的に自分の考えを押しつけてくる人がいます。そういう人に対して、私はこう反論することにしています。

「でも、その説が絶対正しいという根拠はありませんよね」

「その答えは、ずっと先々まで正しいと思っていられますか？」

そう言えば、たいていの人は、「まあ、それはそうですけど……」とおとなしくなります。

ただ一つの答えを見つけるのでなく、いくつもの答えを考えられるようになるのが、本当の勉強です。いろいろな可能性を探っていくのが勉強だとわかれば、学びに終わりはなくなります。

答えが一つ見つかっても、「それだけだろうか」「ほかにも可能性はあるんじゃないか」と考えれば、まだまだ勉強は続きます。

勉強と聞くと、高齢の方は「もういいや」と敬遠しがちです。「難しいことはもう頭に入ってこない」「いまさら勉強したって目指すものがない」と考えてしまいます。でも、本当にそうでしょうか？

70代でも80代でも、テーマを決めて勉強に取り組んでいる方はたくさんいます。みなさん、元気で輝いています。たとえば、地域の図書館や公共の施設ではさまざまな分野の学習会が開かれて、年代を問わず学んでいる人が大勢います。

勉強という言葉は、どうしても受験勉強を想起させます。答えはたった一つしかない。その答えをたくさん暗記することで高い評価を得て、ライバルを蹴落とす。そういうイメージが強いことでしょう。

初等・中等教育の段階では、暗記や詰め込みは大事です。でも高等教育や社会に出てからは、そういうものはあまり必要ありません。さまざまな知識を身につけ、答えをいくつも知っていくこと。さらに、その知識をもとに自分で考えをまとめていくこと。それこそが勉強だと考えれば、高齢者でも構えないで参加することができます。

実際、70代で大学の科目単位の講義を受けたり、大学院に入り直してやりたかった勉強を再開させる人もいます。

そういう人たちに共通するのは、「もっと知りたい」という素朴な向学心です。ただ一つの答えを探すのではなく、いろいろな考え方や見方を知りたい、いまよりももっと賢くなりたいという、いくつになっても残り続ける向学心が人間にはあります。

本を一冊読む、講義を聴く。勉強すればそのぶんだけ賢くなります。一日一日、少しずつ賢くなっていく。70代だろうが80代だろうが、これはやはり大切なことであり、嬉しいことだと思います。

3つの「がまん」はいますぐやめよう

前述したように、85歳を過ぎて亡くなった方のご遺体を解剖すると、すべての人の体のどこかにがんがあり、脳にはアルツハイマー型の病変が見られ、血管には動脈硬化が確認できます。ところが、それに気づかず亡くなる人がまた多くいるのです。

80代にもなれば、いわば「病気の芽」を複数抱えながら生きている、ということです。病気の芽は、いつ発症するかわかりません。今日は健康でも、明日は不健康になるかもしれません。突然、死んでしまうことだってありうるわけです。

冷たく聞こえるかもしれませんが、その事実は受け入れたほうがいいと思います。

そのうえで、明日死んでも後悔しない暮らしをしていきませんか、というのが私からの提案です。


80代の話をしましたが、後悔しない暮らしを実現したほうがよいのは、70代も同じです。あるいは60代でもそうでしょう。70代のうちなら、80代よりも脳も体も動きます。にもかかわらず自宅にこもっていては、本当に動けなくなってしまったときに後悔することは間違いありません。

残り少ない時間を後悔せずに過ごすには——。

私が思うに、大切なのは**「がまんや無理をやめる」**ということです。

毎日の暮らしには、いくつものがまんや無理がありますが、中でも次の3つは、すぐにでもやめたほうがいいと思います。

①薬のがまん
②食事のがまん
③興味あることへのがまん

この3つのがまんをやめることが、高齢者が幸齢者になるためにとても重要なのです。

まずは薬のがまんについて説明します。

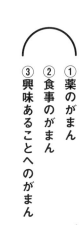

日本の医療制度は、臓器別診療のスタイルをとっています。病気を総合的な視点からとらえるのではなく、医者たちがそれぞれ専門の臓器の状態を診断するのです。そのためおのずと薬の量が増えてしまいます。循環器内科で降圧剤を出され、泌尿器科に回されてそこでも薬を出され、内分泌代謝内科でも……と気がついたら15種類くらいの薬を服用しているというようなことがよく起こるのです。

医者が自分の体に「よい」と思って出してくれた薬だからきちんと飲まないといけない……と思うのでしょうが、それはがまんです。多剤服用は、高齢者の体にダメージを与えます。服用するのは最小限にとどめる。これが薬との正しいつき合い方です。

また、食事のがまんがいかに無駄かということは、先に記したとおりです。無理なダイエットはせずしっかり栄養を摂り、食べたいものを食べればよいのです。

そして、最後にもう一つ。人目を気にしすぎたり、「もう年だから」と、興味のあることをがまんするのもやめましょう。犯罪など明らかに社会的に悪であることでない限り、やりたいことを自由にやればよいのです。

食べたいものを食べ、やりたいことをやりながら生きることで、ストレスが少なくなります。70代になったなら、がまんをしないで楽しい人生を過ごしましょう。

高齢者の6つの後悔

多くの高齢者と関わってきて、感じていることが一つあります。それは、**「後悔」をしている人がたくさんいる**、ということです。

その人たちの後悔は、おおむね以下の6つにまとめられます。

①もっと好きなことをしておけばよかった。
②いろいろ経験しておけばよかった。
③自分を殺して他人に尽くしすぎなければよかった。
④周りにもっと自分の気持ちを伝えておけばよかった。
⑤お金の心配をしすぎなければよかった。
⑥医者の言うことを聞きすぎなければよかった。

読者のみなさんも、思い当たる節はありませんか。

この6つについて後悔する人が多いということは、いまからでも遅くはないので、逆に、この6つのことを存分にやってしまいましょう。これもまた、マインドリセットの一つといえるでしょうし、幸齢者として残りの人生を楽しく送るための「秘訣《ひけつ》」に違いありません。

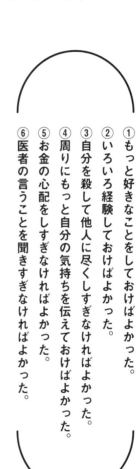

70代を越えて見えてくる世界がある

時間がかかろうが体力や集中力が衰えようが、いまできていることをあきらめる必要はありません。まったくできないというのならともかく、ペースを落とし、休みながらでもやればできることは、これまでどおりに続けてみることが大事です。

「もう年なんだから、疲れることや負担になることはやらなくていい」と考えてしまうと、結局は何もしない暮らしになってしまいます。楽には違いないでしょうが、そういうあきらめの境地は70代には早すぎます。もっと老いに逆らう気持ちになっていい。私は、それが70代のフェーズだととらえています。

老いに逆らって70代を乗り切り、それで元気に80代を迎え、その80代も後半になったら少しずつ老いを受け入れて無理はしない、好きなことだけのんびり楽しんでやっていく、そんな考え方でいいような気がしています。

もし70代のうちに「年だから」といろいろなことをあきらめてしまうと、80代になったころにはできることがほとんどなくなってしまいます。というより、「やってみようかな」という気持ちすら消えてなくなります。

本を読むようなことでも、庭いじりのような軽い作業でも、10年も遠ざけてしまうと興味がなくなってしまう可能性があるのです。

80代になっても輝いている幸齢者には、まだまだ自分が楽しめる世界が残されています。趣味や日常生活の中で大事にしている時間がいくつもあって、出かけたり人に会ったりすることを苦にしません。といっても、忙しく動き回るようなこともしませんから、一日がゆったり流れていきます。

そういう80代の人は、よく「退屈することはありません」と口にします。周囲から見ればのんびりゆっくり過ごしているようでも、本人には一日の中に好きな時間や夢中になれる時間が散らばっていて、その一つを楽しんでいるうちに一日があっという間に過ぎてしまうのでしょう。

そういう毎日を送れるのは、70代で自分にとって楽しみなこと、好きなことをやり続けてきたからです。80代になって新しい趣味ややりたいことが見つかるということはまりありませんから、70代のうちはいつでも楽しめる世界を身の回りにできるだけ多く残しておくことが大事なのです。

現在、60代に入ったばかりの私は、70代の男性を羨《うらや》ましく感じることがあります。それなりにシワが刻まれ、髪の毛は白くなり、髭にも白いものが目立つようになった男性が、着慣れたジャケットで、バーカウンターの片隅にさりげなく座っています。長く通っている店の、いつも決まった場所なのでしょう。ゆったりとくつろいでいる様子が見て取れます。

夕刻、早い時間の寿司屋でも同じです。悠然と好きな寿司をつまみ、日本酒をゆっくりと飲んでいる場面に出くわしたりします。

そうした姿を見ると、「いいなあ」と羨ましくなるのです。

旅を楽しむ姿にも憧《あこが》れます。若いころは慌ただしく予定に追われていますから、新幹線で地方に出かけるようなときでも、窓の外をのんびりと眺《なが》める気持ちにはなかなかなれません。でも70代とおぼしき年代の旅行者は違います。とてもゆったり構えていて、窓の外の景色を眺めたり、本を読んだりしています。余裕を感じます。

老いることは悲観的なことばかりではありません。老いてはじめて似合う世界、様《さま》になる世界というものもあります。そのことに気がつけば、「格好いい70代でありたい」という気持ちも生まれてくるはずです。

70代で身につけた習慣が「その後」の助けになる

70代にとって重要なのは、脳機能であれ身体機能であれ、いま持っているものを使い続けることです。70代の時期に意図的に使い続けていれば、80代、90代になって要介護となる時期を遅らせることができます。

そのためにも**「意欲の低下」を避けることが大切**だと、繰り返し述べてきました。

加えて、**70代にとっては、使い続ける「習慣づくり」が大切**になってきます。

なぜ「習慣づくり」が大事かというと、多くの人が70代前後で仕事からリタイアするからです。

働いているときであれば、日々ルーティンワークがあるので、必然的に活動せざるをえません。ところが、リタイアをしてしまうと、これといって頭を使ったり体を動かしたりする必要がなくなってしまいます。意図的に脳を使ったり、体を動かしたりする習慣を身につけないと、脳機能も運動機能も使い続けることはできません。

もう一つ、70代の習慣づくりが大事な理由があります。それは、**70代で始めた習慣は生涯にわたって続く**からです。

たとえば、70代で「日ごろから歩こう」と心掛けて散歩の習慣をつけた人は、80代になってもそれを続けるものです。

「水泳をしよう」「山登りをしよう」と70代のときに決めて習慣化した人は、80代になっても、体力のある限りは続けるでしょう。たとえ水泳や山登りができなくなっても、それに代わる何かをやって、体を動かそうとする心掛けは生涯続くに違いありません。

運動だけではありません。観劇や絵画、囲碁・将棋、俳句などの趣味の活動でも、70代で習慣化しているものは、一生涯にわたって続くことが多いのです。だからこそ、70代で意図的によい習慣をつけることが大事です。

個人差があるとはいえ、多くの人にとって、80代になってから新たな活動習慣をつくるのは、かなり困難なことです。身体機能においても、新しいことを始めようとする意欲の面でも、70代に比べて大きく減退しているからです。現役時代に近い身体機能や意欲レベルでいる70代のうちに、よい習慣をつけることが大切なのです。

70代の人たちは、放っておけば何もせず、すぐに老け込んでいく危険性を抱えています。だからこそ、機能維持のために意図的に振る舞うことが大切になってきます。いま、意識してよい習慣をつけることは、80代になってからの元気さを保つことにつながります。

働き続けることが最高の老化予防薬

そして、**心身の健康にとって大事なのは「働く」こと**です。現役時代のように「お金」のために働くのではありません。収入の多寡《たか》にかかわらず、「面白いか面白くないか」で判断して、やってみたい仕事、楽しいと思える仕事、やりがいを感じられる仕事をすることが大切です。

働き続けることは、私たちの老化を遅らせ、いつまでも若々しくいさせてくれます。そのことは、データでも裏づけられています。

長野県はかつて、都道府県の中で平均寿命のデータは下位に位置していましたが、1975年に男性が全国4位となり、その後上昇し始め、1990年代以降、全国1位を何度も記録しています。女性も、2010年の調査で第1位となり、男女ともに平均寿命の都道府県ナンバーワンになりました。厚生労働省の2015年の調査結果でも、男性が81・75歳で全国第2位、女性が87・67歳で第1位です。

なぜ長野県が長寿なのか。さまざまな推測がなされました。長野県にはイナゴや蜂《はち》の子《こ》などの昆虫を食べる習慣があるからだとか、地形的に山間部が多く、山道をよく歩いて足腰が鍛えられるからだ、といった理由が挙げられたこともあります。

しかし、近年では昆虫を食べることも減ってきていますし、自動車の普及が進み山道を歩くことも少なくなってきていますので、この仮説にはあまり説得力がありません。

私は、本当の理由は、長野県の高齢者の就業率にあるのではないかと考えています。長野県はこれまで、高齢者就業率において都道府県ナンバーワンを何度も記録しています。総務省統計局のデータでも、2017年10月1日現在、長野県の高齢者就業率は、男性が41・6%、女性も21・6%で、男女ともに第1位です。

家にこもることなく働くことが、脳機能と運動機能の老化を遅らせ、高齢者の寿命を延ばしているのだと考えます。

このことは、沖縄の平均寿命と就業率の関係からも見て取れます。沖縄県はかつて長寿県のようなイメージがありました。女性はいまでも長寿ですが、じつは男性の平均寿命がどんどん低下し、いまでは全都道府県中30位以降に沈んでいます。先の厚生労働省の2015年調査でも、女性のほうは全国7位につけているのに、男性は全国36位という下位に位置していました。

なぜ、同じ気候風土に住み、同じようなものを食べている沖縄の男性と女性とで、これほどまでに平均寿命に差が開いてしまったのか。私は、その理由も就業率に隠されているのではないかと考えています。

じつは沖縄県の男性高齢者の就業率は、全国最下位なのです。このことが、男性の平均寿命を下げている要因ではないかと見ています。

女性の場合は、若いときから専業主婦の人もいますし、高齢になっても家事を一手に引き受けている場合もあるので、就業率自体が男性ほど寿命に直接的な影響を及ぼさないのかもしれません。しかし男性においては、働いているかどうかが、平均寿命の長さにかなり影響していると考えられます。

長野県では高齢者一人当たりの医療費が、全国最低レベルという調査結果もあります。年をとっても元気な人が多いのです。

働き続けることが、高齢になっても活動レベルを落とさない手っ取り早い方法なのです。それが、脳や体の老化を遅らせることに役立ち、元気な70代、80代を可能にしてくれます。

ただし、年をとってからの働き方は、若いときのものとは変えるべきです。前にも触れたように、仕事とは、お金や効率を求めるものではなく、自分の経験や知識を生かして社会の役に立つもの――そのような価値観へとマインドリセットする。

現役時代にあれほど強固にこだわった「どれくらい稼ぐか」「どれくらい成果を上げるか」といった要素は、働くということの一面にすぎない、と知るのもこの年代なのでは。リタイア後になれば、自分の経験や知識を「誰かのために生かす」という働き方もあるのです。

ほんの少しでも社会に関わったり、何かの役に立ったりすることに価値を見出し、働くこと自体に喜びを感じる。それが幸齢者の働き方であり、そのまま老化防止の最良の薬になるのではないかと思います。

好きなことが存分にできるのが70代

「老人」や「高齢者」といった言葉は何気なく使われ、それで意味が通じてしまうところがあります。

本来、高齢者というのは、その社会の年齢階層のうち上部に位置する人々を指す言葉でした。極端な話をすれば、平均寿命が60歳の社会では、50歳を過ぎたらもう十分な高齢者ということになります。実際、１９６０年の日本人の平均寿命は男性65歳、女性70歳でしたから、当時の60歳の男性は完全に高齢者になってしまいます。

たしかに昔の60歳は高齢者でした。定年が55歳で、定年を過ぎたらもう隠居して孫の相手をして日がな一日を過ごす、という〝おじいちゃん〟が一般的だったのです。

それに対していまの60歳は、まだまだ現役世代に入ります。ほとんどの企業が定年を65歳まで延長したり、再雇用で働けるようにしています。

現代の高齢者は、定義だけでいえば、65歳を過ぎ、現役を引退して以降を指します。医療制度や公的機関の扱いでは、65歳からが前期高齢者で、75歳からが後期高齢者とされています。

ですが、男性であれ女性であれ、70代前半のほとんどの方には、自分が高齢者の枠に入っている意識はないと思います。子育てはとっくに終わり、住宅ローンも終わった。やらなければいけないことはない。一切の義務から解放されて、一日がすべて自分の自由な時間になったわけです。ですから本来なら、「さあ、これからは好きなことだけやって、残りの人生を楽しむぞ」と勢い込んでいい。

ところがそこに、老いの兆候が少しだけ忍び寄ります。健診での数値が気になってきたり、なんらかの病名をつけられることもあります。実際に思いがけない大きな病気をすることだってあるでしょう。

自分がそうなればもちろんのこと、同世代の友人知人のいろいろな病気の話が聞こえてきただけで、日々の暮らしに何の問題もない人が「用心しなくちゃ」と思い始めます。「もう若くはないんだから……」と家族も心配し、自分でも「そのとおりだ」と納得します。「もう高齢者なんだから」と自分自身に言い聞かせてしまうのです。

いまは元気いっぱいの70代まで、「もう高齢者なんだから」などと自分に言い聞かせる必要はありません。もっと前向きに、好きなことを存分に楽しめる最後の年代になった、そのことをもっと喜んでいいと思います。

元気な方であれば、70代は人生で一番幸せな高齢世代だ、ということもできるのですから。

7カ条

終　章

マインドリセット

勝ち負けで考えない

私は序章で、「幸齢者になるためのマインドリセット7カ条」を掲げました。本書をここまで読み進めていただき、私の考えを十分に理解してくださったみなさんに、これからの人生で「幸齢者」になるべく、最後のまとめとして改めてこの7カ条についてご説明したいと思います。

第一条　勝ち負けで考えない

まずは第一条、勝ち負けで考えないことです。

人間は、何かにつけてつい他人と比較してしまいます。そのうえ、他人に負けたくないという気持ちがあるものです。

でも、勝ち負けでものごとを考えていたら、人間は学ぶことができないという一面があることをわかってください。

「これを認めたら負け」という価値観にのっとって相手の意見を否定し続けると、人間関係は確実に悪くなります。加えて、視野が狭《せま》いままに人生を歩まざるをえなくなります。勝ち負けにばかりこだわって偏狭な考えに陥《おちい》ることは避けましょう。

ぜひ、年をとればとるほど、「答えは一つではない」という考え方を持ってほしいと思います。いろいろなものを受け入れることによって、年をとればとるほど知恵者になれるわけです。自分の考えを変えない以上は、年をとってもそれ以前より賢くなることはないのです。

人生は実験だ

あれは50歳くらいのことでしょうか。私は、正解を求めて本を読むということをやめました。それ以降は、いろいろな正解があることを知るためにさまざまな本を読むという考えのもと、読書を楽しむようにしています。

ものごとには正解があると決めてかかる人は、試す前から答えがあると思っている人です。そういう人は、読書でいえば、すでに自分の中で正解が存在しているため、結局は自分と同意見の本ばかり集めてしまいます。

世の中には絶対的な正解などない。試してみないことにはわからない。そうとらえれば世界は大きく広がります。

私が「相続税を100％にしたら、高齢者がお金を使って景気がよくなる」と主張すると、とたんに「世界各国はむしろ相続税を下げている」「どんな経済学の理論もそんなことは言っていない」という反論が出ます。もっともなことですが、でもやってみないとわからない。日本は世界で一番高齢化率が高い。人類史上最高の高齢化率です。ならば、これまでやったことのない施策を試してみたっていいじゃないか、と思います。

人生は実験なのです。実験の連続です。

今日はラーメンを食べようと決めたとしましょう。いつも行っているラーメン屋は確実にうまい。それはよくわかっている。でも隣《となり》には一度も入ったことのないラーメン屋がある。行列ができることもあるくらいの店だから、たぶんうまいのだろうが、自分の舌には合わないかもしれない。そう考えていつものラーメン屋に入る……。

もちろん、それでいつものおいしいラーメンを食べるのもいいのですが、初めて隣の店に入って別のラーメンを食べてみるほうが、人生が開けるはずです。

「人生が開ける」という言い方は大げさかもしれませんが、隣の店のラーメンがおいしかったなら、自分の「引き出し」が増えるわけですよね。もちろんそのラーメンがおいしくないかもしれません。そのときは実験が失敗だったと思えばいいだけの話です。

実験の繰り返しこそが人生。試してみてこそ、人生の楽しみが広がっていくのです。

だからこそ、この結論です。

第二条　試してみないと答えは出ない

かくあるべし思考は棄てる

年をとるにつれ、少しずつ保守的な思考になっていきます。

「もう年だから」「年甲斐もなくみっともない」などという言い訳を並べて、新しいことに挑戦しません。

「かくあるべし」という基準を勝手に作って、そこから一切はみ出そうとしない。そこで私は言いたいのです。

第三条　「かくあるべし」思考は棄てる

たとえば、素敵な赤い服があったとしましょう。あまりにチャーミングなので自分も着てみたいと思ったものの、「これを着たらみんなに笑われるんじゃないか」と躊躇《ちゅうちょ》する人は多いのではないでしょうか。

でも前述したように、人生は実験です。笑われるかどうかは、着てみないとわかりません。もし本当に着たいのなら、着てみればいい。「よく似合っている」「若々しくていいね」とほめられる可能性もあるのです。これは試してみないとわかりません。「かくあるべし」という思い込み――あるいはプライドといってもいいのかもしれません――が、可能性をどんどん削《そ》いでしまっていることに気がつくべきだと思います。

「かくあるべし」思考は、自分自身のプライドというよりも、世間体を気にしすぎていることが原因で発生するのではないかと思います。

赤い服を着るのを躊躇するのも、世間体です。高齢者は派手で可愛い服を着たら笑われてしまう、高齢者は地味な服を着るべしと、世間体を気にして決めつけるのです。

「かくあるべし」＝「かっこ悪いからやめよう」という思考は、高齢者の行動範囲を狭めてしまいます。「杖なんかつきたくない」「オムツなんかつけたくない」という理由で、外出をしない。「補聴器をつけたくない」から、他者との会話を避ける。

そうではなく、年をとるってこういうことだよね、と柔軟に受け止め、いろいろなことを試してみる。そういう人のほうが、楽しい後半生を手にする可能性は高くなりますし、うつになるリスクも低いのです。

いまを楽しむ

世間を騒がせた「老後2000万円問題」ではありませんが、高齢者や高齢者の前段階の方々が不安に思っているほど、将来経済的に苦しむことはないと思います。「老後の蓄え」を取り崩したくないためにお金を使わず、必要以上の節制に励む。そんな必要はありません。

そのお金を使っていまを楽しむことが大切なのです。「まだ貯金を崩すわけにはいかない。あと5年がまんしたら旅行に行こう」と考えても、5年後には旅行に行けなくなっているかもしれないわけです。

いまは元気な高齢者でも、突然、脳梗塞《こうそく》になって、明日から要介護になったりすることもあります。転んで骨を折ったら、若いころと違って治りが悪く、ずっと歩行が困難なままということもあります。

「5年後を楽しみに」と思っていても、その5年後には、体の状況がかんばしくない可能性があるということを、念頭に入れておかなければなりません。

ですから、これからは次のことを合い言葉にしてください。

第四条　いまを楽しむ

いま楽しめることはいま楽しんでおかないと、あとで楽しめなくなることがある。そういう覚悟を決めることが、年をとってからは必要です。

若いころであれば、「いまはがまんして頑張れば、あとからいいことがある」と思う人のほうが、将来成功することも多いでしょう。でも、年をとってからは、もうそうじゃないよね、ととらえていいと思います。いま楽しんでおかないと損――そのようにマインドリセットしましょう。

人と比べない

2021年に亡くなった脚本家の橋田壽賀子《はしだすがこ》さんは、生前、『安楽死で死なせて下さい』（文春新書）という本を出して、話題になりました。橋田さんは、「アルツハイマーになったら安楽死させてくれ」と、あちこちで主張していました。

これは、アルツハイマー患者に対する差別といっていいのではないでしょうか。

じつは、認知症になっていない高齢者が、認知症になっている高齢者をバカにする言動をとることは多いのです。つまり、高齢者による高齢者差別が多いということです。

自分は同世代の人に比べて頭がはっきりしている、ちゃんと歩ける、がんにもかかっていない、オムツも必要ない……。そのように人と比べて、「自分は勝っている」と思うのです。

でも、そういう人たちも、いま勝っているうちはいいのですが、いざ老いが進んで、いわば〝負けて〟きたときには、自分で自分を受け入れられなくなってしまいます。そこで次の言葉を教訓にしましょう。

第五条　人と比べない／高齢者による高齢者差別はしない

認知症などは、長生きをすれば、いずれはみんながかかるものです。かかるのが早いか遅いかだけの違いです。自分はあの人と比べて勝っている、などと自慢することは、少し先の自分を非難しているのと同じことなのです。

自分で答えを出す

高齢者は豊かな人生経験を積んできました。

もちろんその年齢になるまで、多くの失敗を重ねたことでしょう。その積み重ねがいわゆる「肌感覚」を磨いてきました。自分では自覚しにくいかもしれませんが、肌感覚が研《と》ぎ澄《す》まされてきたわけです。そして、優れた肌感覚にのっとって出した答えは正しいと信じていいのです。

コロナ禍《か》でのこと。

感染症の専門家やその意見を垂れ流すマスコミは「外出を自粛しろ」と言いました。でも家にこもりっきりでは、体も使わない、人とも接しないから面白くない。こんな生活を送り続けて、自分は大丈夫なのか――。そう肌感覚でとらえたら、外に出ればいいのです。

専門家の意見を参考にすることは大切ですが、それを妄信する必要はありません。自分の体を守る行動です。最善の答えは、自分自身で考えて出せばよいのです。

あるいは離婚したり、死別した独身の高齢者に、新しい恋人ができたとしましょう。本人同士は結婚したいけれど、「財産目当てだろう」と子どもたちや友人たちが反対する。でも恋人がどのような人なのか、本当に愛し合っているのか、それともじつは財産目当てなのか、それはその当事者本人が肌感覚で答えを出せばよいのです。

第六条　自分で答えを出す

あらゆることにおいて、他人がどう考えるかではなく、自分がどうとらえるかが大事なのです。自分の人生の結論は、自分で出すようにしましょう。

人目を気にしない

最後にお伝えしたいことは、次の一言に尽きます。

第七条　人目は気にしない

じつはこのフレーズは、マインドリセット全般に関わる最も大事なことだと言っていいでしょう。

勝ち負けでものごとを考えたり、「かくあるべし思考」にがんじがらめになったりするのも、言ってみれば人目を気にしすぎるからです。他人は他人、自分は自分なのです。自分のことは自分で決めるためにも、人目を気にしすぎることはやめましょう。

もちろん犯罪行為はいけませんし、人に迷惑をかけることは慎《つつし》みましょう。でも、そうでないなら、自分がやりたいことをやればいい。

派手な服が着たいなら、着ればいいのです。白髪を隠すために茶髪にしたいのなら、染めればいい。

　そんなあなたのことを「似合わない」「若ぶっていてイタイ」と思う人がいるかもしれません。「自己満足だ」と笑う人がいるかもしれません。でも人目を気にすることなんか、ありません。

　自己満足は悪いものであるかのように思われがちですが、それは間違いです。自己満足ほど幸せな状態はないのですから。それで幸せホルモンであるセロトニンが分泌されれば、健康かつ若々しさを保つことができます。

　性愛についても同様です。恋人ができたなら、仲よく手をつないで歩けばいいと思います。「年甲斐もなく」といった人目など無視すればいい。

　かつて歌人の川田順《かわだじゅん》が「墓場に近き老いらくの／恋は、怖るる何ものもなし」と詠んだように、高齢者の恋は怖いもの知らずでよいのです。また恋人はいないが性欲はあるという方は、堂々と風俗店に行けばいいのです。

「エロ爺《じじい》」と見なす人目など、まったく気にする必要はありません。それで男性ホルモンが活性化すれば、心身ともに若さを保てます。

人目を気にすることが、高齢者の行動を制限していると思います。ここは「70歳からはやりたい放題」とマインドリセット。人目は気にせずに、やりたいことをやる。それが残りの人生を豊かにする秘訣《ひけつ》だと思います。

あとがき

高齢化というのは、どこの国でも大きなテーマのようです。お隣《となり》の中国も同じです。

私が一番信頼している、ニュートラルな（反中国でも親中国でもないという意味ですが）中国研究家である近藤大介《こんどうだいすけ》さんから、こんな話を聞かされました。

２０２２年10月、〝中国の日本経済新聞〟といえる「経済観察報」に近藤さんが執筆しているコラムで、私と昨年のベストセラー『80歳の壁』のことを紹介したところ、中国国内で大反響を呼び、閲覧者がすぐに２００万人を超えたというのです。そして、「幸齢者」という言葉が中国の流行語になっている、というのです。

これからどんどん高齢化が進む中国では、高齢者が幸せに生きるということが、それだけ市民の関心が高い、重大なテーマになっているのでしょう。

高齢になることが不幸なのか、幸せ（幸齢者）なのかというのは、「主観的なもの」としか言いようがありません。

たとえば、寝たきりであっても、窓の外の景色を俳句にするのが楽しみな人は、その日、その日の楽しみを享受することができます。認知症の患者さんは病状が進むほどニコニコするようになる人が多いのですが、少なくとも私には、嫌なことを忘れて幸せであるように見えます。

一方、多額の財産を残して、高級老人ホームに入居し、最高レベルの介護サービスを受けている人であっても、現在の自分と過去の栄光の時代の自分とを比べ、不平ばかり言っている人もいます。そういう人の顔つきを見ている限り、私には幸せには見えません。

精神科の世界では、客観的現実は変えられなくても、その人の主観的な世界をより適応的、より幸せなものにするために、ものの見方を変える「認知療法」という治療が盛んです。また、現代精神分析学でも「主観を変える」という考え方が強まっています。

医師や臨床心理士のアドバイスがあったほうがうまくいくことが多いといえますが、その一方で、アメリカでおびただしい数の認知療法のワークブックが出ていることからわかるように、自分の力でもできることです。

私も、本書ではマインドリセットという形で、ものの見方を変え、生き方を変えようと提唱しました。それが、さまざまな能力が衰え、社会との関わり方が変わっていく高齢者が、幸せに生きるための〝ツール〟になると考えたからです。

本書を通じて、少しでも高齢者から「幸齢者」へと近づいていく人が増えたならば、筆者として幸甚このうえありません。
末筆になりますが、本書の編集の労を取ってくださったプレジデント社の村上誠さんと、菊地武顕さんには、この場を借りて深謝いたします。

和田秀樹

2023年5月

和田秀樹
（わだ・ひでき）

1960年大阪市生まれ。1985年東京大学医学部卒業。東京大学医学部附属病院精神神経科、老人科、神経内科にて研修、国立水戸病院神経内科および救命救急センターレジデント、東京大学医学部附属病院精神神経科助手、米カール・メニンガー精神医学校国際フェロー、高齢者専門の総合病院・浴風会病院の精神科医師を経て、現在、日本大学常務理事、川崎幸病院顧問、一橋大学・東京医科歯科大学非常勤講師、ルネクリニック東京院院長。著書には『70歳から一気に老化する人しない人』（プレジデント社）、『70歳が老化の分かれ道』（詩想社新書）、『80歳の壁』『70歳の正解』（以上、幻冬舎新書）、共著書には『頭のよさとは何か』（プレジデント社）などがある。

幸齢者
幸せな老後のためのマインドリセット

2023年6月15日　第1刷発行

著　者　　和田秀樹《わだひでき》

発行者　　鈴木勝彦

発行所　　株式会社プレジデント社
〒102-8641　東京都千代田区平河町2-16-1
平河町森タワー13F
https://www.president.co.jp/
電話 03-3237-3731（販売）

ブックデザイン　　岩間良平（トリムデザイン）
装幀・本文写真　　Shutterstock
本文図版　　朝日メディアインターナショナル株式会社

販　売　　桂木栄一　高橋 徹　川井田美景　森田 巌
末吉秀樹　庄司俊昭
編　集　　村上 誠
制　作　　関 結香

編集協力　　菊地武顕

印刷・製本　　中央精版印刷株式会社

ISBN978-4-8334-4052-3
Printed in Japan